高等职业教育高水平专业群创新系列教材·汽车类

汽车电器

主　编　吴华杰　戴晓锋
副主编　胡　辰　钱春贵
参　编　周伟伟　孙　健　蒯　乐　刘　秋

北京理工大学出版社
BEIJING INSTITUTE OF TECHNOLOGY PRESS

内容简介

本书系统地阐述了汽车电气系统（包括汽车电源系统、起动系统、点火系统、汽车灯光系统、汽车舒适系统、仪表与报警系统、汽车总线、汽车电路的识图）的组成、结构原理，主要元件的检修方法，系统常见故障诊断与排除方法等。此外还讲解了汽车电气系统基础元件的组成及检修方法，同时围绕典型车系电路图进行了系统分析。

本书可作为高等院校汽车检测与维修专业的教材，也可作为其他相关专业的辅助教材，还可供相关企业作培训用书或汽车维修人员的参考书。

版权专有　侵权必究

图书在版编目（CIP）数据

汽车电器 / 吴华杰，戴晓锋主编. —北京：北京理工大学出版社，2020.12（2021.1 重印）

ISBN 978-7-5682-9311-2

Ⅰ. ①汽…　Ⅱ. ①吴…　②戴…　Ⅲ. ①汽车-电气设备-高等学校-教材　Ⅳ. ①U463.6

中国版本图书馆 CIP 数据核字（2020）第 244173 号

出版发行 / 北京理工大学出版社有限责任公司
社　　址 / 北京市海淀区中关村南大街 5 号
邮　　编 / 100081
电　　话 /（010）68914775（总编室）
　　　　　（010）82562903（教材售后服务热线）
　　　　　（010）68948351（其他图书服务热线）
网　　址 / http://www.bitpress.com.cn
经　　销 / 全国各地新华书店
印　　刷 / 河北盛世彩捷印刷有限公司
开　　本 / 787 毫米 × 1092 毫米　1/16
印　　张 / 12.5　　　　　　　　　　　　　　　　责任编辑 / 陈莉华
字　　数 / 294 千字　　　　　　　　　　　　　　文案编辑 / 陈莉华
版　　次 / 2020 年 12 月第 1 版　2021 年 1 月第 2 次印刷　责任校对 / 刘亚男
定　　价 / 39.00 元　　　　　　　　　　　　　　责任印制 / 李志强

图书出现印装质量问题，请拨打售后服务热线，本社负责调换

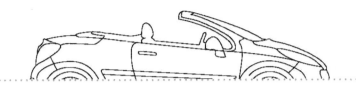 

2018年中国汽车工业总体运行平稳，受政策因素和宏观经济的影响，其产销量低于年初预期，全年汽车产销分别完成2 780.9万辆和2 808.1万辆，连续十年蝉联全球第一。巨大的汽车产销市场，使得我国的汽车后服务市场得到了蓬勃发展。

随着我国高等教育专业教学改革不断深入，项目引领、任务驱动课程已成为高校课程改革与建设的方向。为了更好地突出学生的技能培养，为课程改革服务，编写了《汽车电器》教材，将汽车各主要电气系统的结构、工作原理、电路分析、使用与维修等内容融为一体，实施项目化改造，满足教学需要。

本书以培养高技能应用型人才为目的，在编写过程中注重知识的前沿性和实用性。本书系统地阐述了汽车电气系统（包括汽车电源系统、起动系统、点火系统、汽车灯光系统、汽车舒适系统、仪表与报警系统、汽车总线、汽车电路的识图）的组成、结构原理，主要元件的检修方法，系统常见故障诊断与排除方法等。此外还讲解了汽车电气系统基础元件的组成及检修方法，同时围绕典型车系电路图进行了系统分析，力求使学生熟悉汽车电气系统的线路，熟悉汽车电气系统的工作原理，具有对汽车电气系统故障诊断与排除的能力，以引导学生在学习过程中积极探索汽车电气领域的新知识、新工艺和新检修方法。

本书的编写特点如下：

（1）任务驱动。以任务为载体构建内容主线，以完成任务为目标达到理论学习和技能训练的目的，任务目标明确。

（2）理论与实践紧密结合。能够将汽车电气系统的结构、工作原理、使用与维修等内容融为一体，理论与实践紧密结合，为培养"手脑"结合型的高等教育人才培养目标服务。

（3）注重综合能力培养。在加强针对性与实用性的同时，重点突出汽车电路的分析方法，在教材中体现课堂讨论、故障案例等内容，以培养学生学习能力和解决实际问题的能力。

（4）简明易学利教。理论知识讲解力求简洁、实用、针对性强；技能要求具体明确；充分利用插图说话，形象直观，便于学生理解。

本书由长期从事汽车专业教学与培训的老师、具有丰富经验的汽车4S店技术服务人员共同编写。编写组成员有：吴华杰、戴晓锋、胡辰、钱春贵、周伟伟、孙健、蒯乐、刘秋。

本书在编写的过程中，得到许多专家和同行的热情支持，并参阅了许多国内外公开出版与发表的文献，在此一并表示感谢。

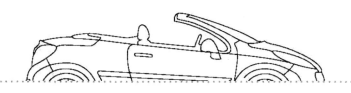

目 录
CONTENTS

项目一 绪论 ……………………………………………………………… 001
  任务一　汽车电气设备的发展与应用 …………………………………… 001
  任务二　汽车电气设备的组成 …………………………………………… 002
    一、电源 ……………………………………………………………… 002
    二、用电设备 ………………………………………………………… 003
    三、全车电路及配电装置 …………………………………………… 004
  任务三　汽车电气设备的特点 …………………………………………… 004
    一、低压电源 ………………………………………………………… 004
    二、直流电源 ………………………………………………………… 004
    三、并联单线制 ……………………………………………………… 004
    四、负极搭铁 ………………………………………………………… 004
  项目小结 …………………………………………………………………… 004
  习题与思考 ………………………………………………………………… 005

项目二　铅酸蓄电池 …………………………………………………… 006
  任务一　铅酸蓄电池的分类与功用 ……………………………………… 006
    一、铅酸蓄电池的分类 ……………………………………………… 006
    二、铅酸蓄电池的功用 ……………………………………………… 006
  任务二　铅酸蓄电池的结构与型号 ……………………………………… 007
    一、普通铅酸蓄电池的结构 ………………………………………… 007
    二、改进的铅酸蓄电池 ……………………………………………… 011
    三、铅酸蓄电池的型号 ……………………………………………… 012
    四、铅酸蓄电池的选用 ……………………………………………… 015
  任务三　铅酸蓄电池的工作原理和特性 ………………………………… 015
    一、铅酸蓄电池的工作原理 ………………………………………… 015
    二、铅酸蓄电池的工作特性 ………………………………………… 016
    三、铅酸蓄电池的容量及其影响因素 ……………………………… 018

任务四　铅酸蓄电池的充电 020
　　一、充电方法 020
　　二、充电种类 022
　　三、充电设备 024
任务五　铅酸蓄电池的使用与维护 024
　　一、铅酸蓄电池的正确使用及维护 024
　　二、铅酸蓄电池常见故障与排除方法 026
　　三、铅酸蓄电池典型故障诊断与排除 029
任务六　电动汽车用蓄电池 030
　　一、相关专业术语 030
　　二、铅酸蓄电池 030
　　三、镍-镉（Ni-Cd）电池 030
　　四、氢-镍（H-Ni）电池 031
　　五、钠-硫（Na-S）电池 031
　　六、锂电池 031
　　七、锌-空气电池 032
　　八、镍-锌（Ni-Zn）电池 033
　　九、飞轮电池 034
　　十、超级电容电池 035
　　十一、燃料电池 036
项目小结 037
习题与思考 038

项目三　交流发电机及电压调节器 040

任务一　交流发电机的功用和结构 040
　　一、交流发电机的功用 040
　　二、交流发电机的结构 040
任务二　交流发电机的工作原理 044
　　一、交流发电机的发电原理 044
　　二、整流的原理 045
　　三、励磁方式 045
任务三　交流发电机工作特性及型号 046
　　一、交流发电机的工作特性 046
　　二、交流发电机的分类与型号 047
任务四　电压调节器的作用及原理 048
　　一、电压调节器的作用 048
　　二、电压调节器的工作原理 048

三、电压调节器的种类 049
　任务五　新型交流发电系统介绍 052
　项目小结 053
　习题与思考 053

项目四　汽车起动系统 055
　任务一　起动机的认知 055
　　一、起动机的作用 055
　　二、起动机的分类 055
　　三、起动机的结构 055
　　四、起动机的传动机构 058
　　五、起动机的控制装置 058
　　六、起动机的正确拆装工艺 059
　任务二　起动机的检修 060
　　一、起动机的就车检修 060
　　二、起动机解体后的检查及技术要求 061
　任务三　起动系统电路故障的检修 064
　　一、故障诊断与排除方法 064
　　二、起动系统电路分析 065
　　三、起动机不转故障实例 066
　项目小结 066
　习题与思考 067

项目五　点火系统 070
　任务一　点火系统概述 070
　　一、点火系统的作用及基本要求 070
　　二、点火系统的工作原理 070
　　三、点火系统的分类 070
　任务二　点火系统的组成 070
　　一、传统点火系统的组成 070
　　二、电子点火系统的组成 071
　　三、微机控制式点火系统的组成 075
　项目小结 078
　习题与思考 078

项目六　汽车灯光系统 080
　任务一　远光灯系统 080
　　一、远光灯控制运行原理 080
　　二、迈腾 B8 前大灯总成（远光灯） 082

三、迈腾 B8 远光灯工作过程 ································· 085
　　四、远光灯控制的检查 ····································· 086
　任务二　近光灯系统 ··· 087
　　一、迈腾 B8 近光灯结构组成 ······························· 087
　　二、迈腾 B8 近光灯工作过程 ······························· 089
　　三、近光灯控制的检查 ····································· 089
　任务三　示宽灯系统 ··· 090
　　一、示宽灯控制运行原理 ··································· 090
　　二、迈腾 B8 前大灯总成 ··································· 091
　　三、LED 后尾灯 ·· 091
　　四、迈腾 B8 示宽灯系统工作过程 ··························· 093
　　五、前部示宽灯控制的检查 ································· 094
　任务四　制动灯系统 ··· 095
　　一、制动灯结构组成 ······································· 095
　　二、迈腾 B8 制动灯系统工作过程 ··························· 098
　　三、制动灯的控制检查 ····································· 098
　任务五　转向灯、警告灯系统 ····································· 100
　　一、迈腾 B8 转向灯、警告灯结构组成 ······················· 100
　　二、前转向灯控制的检查 ··································· 104
　　三、后转向灯控制的检查 ··································· 106
　项目小结 ··· 107
　习题与思考 ··· 107

项目七　汽车舒适系统 ··· 108
　任务一　玻璃升降器控制系统 ····································· 108
　　一、迈腾 B8 玻璃升降器控制运行原理 ······················· 108
　　二、迈腾 B8 玻璃升降器功能及工作过程 ····················· 115
　任务二　中控门锁系统及检修 ····································· 120
　　一、中控锁按钮 ··· 120
　　二、J386、J387 ·· 121
　　三、机械钥匙 ··· 124
　　四、门锁工作过程 ··· 126
　　五、行李厢锁工作过程 ····································· 128
　任务三　电动后视镜系统及检修 ··································· 130
　　一、迈腾 B8 后视镜结构组成 ······························· 130
　　二、后视镜控制开关 ······································· 131
　　三、后视镜总成 ··· 132

四、迈腾 B8 后视镜工作过程 ·············· 137
　项目小结 ······················· 140
　习题与思考 ······················ 141

项目八　仪表与报警系统 ·············· 142
　任务一　仪表 ···················· 142
　　一、机油压力表 ···················· 142
　　二、水温表 ······················ 143
　　三、发动机转速表 ··················· 144
　　四、燃油表（油量表） ················· 144
　　五、电流表 ······················ 145
　　六、电压表 ······················ 147
　　七、仪表稳压器 ···················· 147
　任务二　报警系统 ···················· 149
　　一、制动系低压报警装置 ················ 149
　　二、机油压力报警装置 ················· 149
　　三、燃油量报警装置 ·················· 150
　　四、制动信号灯断线报警装置 ·············· 150
　　五、蓄电池液面报警装置 ················ 150
　　六、冷却液温度报警装置 ················ 151
　　七、制动液面报警装置 ················· 151
　　八、空气滤清器滤芯报警装置 ·············· 152
　任务三　电子显示系统 ·················· 153
　　一、汽车仪表电子化的优点 ··············· 153
　　二、汽车常用电子显示器件 ··············· 153
　项目小结 ······················· 156
　习题与思考 ······················ 156

项目九　汽车总线 ·················· 157
　任务一　汽车总线概述 ·················· 157
　　一、为什么采用总线技术 ················ 157
　　二、采用网络化后的优点 ················ 157
　　三、车载网络的发展史 ················· 158
　任务二　汽车常见网络系统 ················ 159
　　一、LIN 网络技术 ··················· 159
　　二、CAN 网络技术 ·················· 160
　　三、MOST 网络技术 ················· 167
　项目小结 ······················· 169

习题与思考……………………………………………………………… 170
项目十　汽车电路的识图………………………………………………… 172
　任务一　常用图形符号与有关标志…………………………………… 172
　　一、汽车电路图中常用的图形符号………………………………… 172
　　二、汽车电路图中常用的文字符号………………………………… 179
　任务二　汽车电路识图一般方法……………………………………… 185
　项目小结………………………………………………………………… 187
　习题与思考……………………………………………………………… 187
参考文献……………………………………………………………………… 189

项目一

绪 论

- 了解汽车电气设备及电子技术的发展状况；
- 掌握汽车电气设备的组成；
- 掌握汽车电气设备的特点；
- 了解课程的性质、任务、重要性；
- 掌握本课程的学习方法及考核方式。

任务一 汽车电气设备的发展与应用

本课程是汽车类专业的一门重要专业课，同时也是学好汽车专业其他相关专业课程的基础。其任务是讲解汽车用各种电气设备的构造、基本工作原理、使用与维修方法、故障判断与排除等方面的内容。通过学习达到以下目的：掌握汽车电气设备的构造原理和维修以及全车线路的分析方法；掌握主要电器的使用、维护、调整方法；熟悉汽车电气设备测试、维修专用仪器、设备的原理并掌握其使用方法；掌握新型汽车电器的构造特点及检修方法。

汽车电气设备是汽车的重要组成部分。随着汽车技术的进步，汽车电气设备的结构与性能也在不断进步，特别是电子技术在汽车上的广泛应用，在解决汽车能耗、行车安全、减少排放污染等方面起着越来越重要的作用。

汽车自问世以来，在很长一段时间内其技术发展主要表现在机械设备的更新换代上，电气设备在汽车上的应用相对较少，只是一些必备的电源和用电设备。在20世纪50年代以后，随着电子技术的发展、社会需求的增强，使汽车电子技术的运用得到了迅速发展。汽车电子技术的发展经历了以下四个阶段。

第一阶段：20世纪50年代初到20世纪70年代初，主要是开发分立元件和集成电路组成的汽车电子产品。应用电子装置代替传统的机械部件，如汽车最初采用硅整流交流发电机，之后有电子式电压调节器、电子控制高能点火等。

第二阶段：20世纪70年代中期到20世纪80年代中期，主要发展专用的独立系统。电子装置被应用在某些机械装置所无法解决的复杂控制功能方面，如电子控制汽油喷射系统（EFI）、电子控制自动变速器（ECT）、制动防抱死系统（ABS）等。

第三阶段：20世纪80年代中期到20世纪90年代中期，主要是开发可以完成各种功能的综合系统及各种车辆整体系统的计算机控制系统。汽车上的电子装置不仅能承担基本控制任务,而且还能处理外部和内部的各种信息,如集发动机控制、自动变速器控制为一体的动力控制系统,制动防抱死、防滑转控制系统。

第四阶段:20世纪90年代中期至今,主要是研究车辆的智能控制技术,模拟人的思维和行为对车辆进行控制,如汽车自动驾驶系统、汽车通信及导航系统等。

今后汽车电子技术将集中围绕以下几个方面发展。

(1) 满足用户需求。大幅度提高汽车的性能,使之更灵活、方便、安全、可靠。

(2) 满足社会需求。保护环境,节约能源,节约资源。

(3) 实现包括道路在内的交通系统智能化。将汽车和人有机地结合起来。

进入21世纪以来,汽车电子技术获得了更大的发展。可以预见,汽车今后的发展将主要是电气设备及自动控制设备的发展,汽车电气设备将会体积更小、性能更高、维修更简单,能更好地满足汽车用户的要求。

在本课程的学习中,本着理论与实践并重的原则,加强实践环节,勤于动手、熟练操作,切实掌握实践技能。要勤于思考,善于将学到的内容与实际结合、与生产结合、与生活联系,并不断归纳总结,逐步培养举一反三的能力。对于结构复杂及实践性较强的内容,要充分利用实物,采用边学习、边实践的学习方法,加强对所学内容的理解。

对于理论部分的教学内容,应加强预习和复习,以提高学习效果。

本课程的考核采用理论考核与实践考核相结合的方法。理论考核的知识点是每个任务中需掌握和理解的内容,技能考核内容是每个项目实训内容。考核时随机抽取1/4~1/3的项目进行考核,检验技能的掌握情况。

任务二 汽车电气设备的组成

现代汽车的电气设备种类和数量很多,但总的来说可以分为三大部分,即电源、用电设备、全车电路及配电装置。

一、电源

(一) 电源系统基本组成

汽车电源系统主要由蓄电池、发电机及电压调节器、充电指示灯(或电流表)等组成,如图1-1所示。电压系统的作用是向汽车上的用电设备和控制装置供电,满足汽车用电需要。

(二) 电源系统主要部件简介

汽车电源有两个:蓄电池和发电机,在电路里构成并联关系,向用电设备供电。发电机是主要电源,蓄电池是辅助电源。发电机供电时要采用电压调节器来保持其输出电压的稳定。

(1) 在发动机停转时,由蓄电池供给电能;

(2) 起动发动机时,由蓄电池向起动机提供大电流;

(3) 发动机达到某一转速后,由发电机向用电设备供电,同时也给蓄电池充电;

(4) 当接入用电设备过多时,蓄电池可协助发电机向用电设备供电。

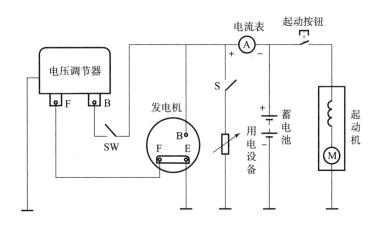

图 1-1 汽车电源系统组成

充电指示灯（或电流表）用来指示蓄电池充电或放电状态（或电流的大小）。电压调节器的作用是调节发电机输出的电压，使发电机在转速和负荷变化时，保持输出电压相对恒定。

二、用电设备

用电设备主要由以下几个系统组成。

1. 起动系统

起动系统用来起动发动机，起动系统主要包括起动机及控制电路。

2. 点火系统

点火系统用来产生电火花，点燃汽油机气缸中的可燃混合气。它有传统点火系、电子点火系和计算机控制点火系之分。传统点火系包括点火线圈、分电器、电容器、火花塞等。电子点火系包括点火线圈、信号发生器、电子点火器、配电器、火花塞等。计算机控制点火系包括点火线圈、电子点火器、火花塞、各种传感器、电子控制单元等。

3. 照明系统

照明系统包括车外和车内照明灯具，提供车辆夜间安全行驶的必要照明。

4. 信号装置

信号装置包括音响信号和灯光信号两类，提供安全行车所必备的信号。

5. 仪表及报警装置

用来监测发动机及汽车的工作情况，使驾驶员能够通过仪表报警装置及时检查发动机和汽车运行的各种参数及异常情况，确保汽车正常运行。它包括车速里程表、发动机转速表、冷却液温度表、燃油表、机油压力表、电压（电流）表、气压表和各种警报灯等。

6. 辅助电气设备

辅助电气设备包括风窗清洁装置（刮水器、洗涤器、除霜装置）、空调系统、低温起动预热装置、汽车视听设备、电动车窗、中控门锁、电动天窗、电动座椅、电动后视镜、防盗装置等。车用辅助电气设备有日益增多的趋势，主要向舒适、娱乐、保障安全等方面发展。

7. 汽车电子控制系统

汽车电子控制系统（简称电控系统）主要指利用计算机控制的各个汽车系统，包括汽油机电控燃油喷射系统、计算机控制点火系统、电控自动变速器、制动防抱死系统、驱动防滑系统、电控悬架系统、自动巡航系统、安全气囊、自动空调等。汽车电子控制系统的采用可以使汽车上的各个系统均处于最佳工作状态，达到提高汽车动力性、经济性、安全性、舒适性，降低汽车排放污染的目的。

三、全车电路及配电装置

全车电路及配电装置包括中央接线盒、熔断装置、继电器、电线束及插接件、电路开关等，使全车电路构成一个统一的整体。

由于现代汽车所采用的电控系统越来越多，所占的比例越来越大，且汽车电控系统往往都自成系统，将电子控制与机械装置相结合，形成了较为典型的机电一体化系统。因此本教材只涉及传统电气设备中的电子控制装置，不涉及诸如电控燃油喷射系统、电控自动变速器、制动防抱死系统，这些计算机控制系统将由专门的教材予以介绍。

任务三　汽车电气设备的特点

一、低压电源

汽车电气设备的标称电压有三个等级：6 V、12 V 和 24 V，汽油车多采用 12 V，柴油车多采用 24 V。

二、直流电源

由于蓄电池的充、放电电流均为直流电，所以发电机输出的也是直流电。

三、并联单线制

汽车电气系统的用电设备很多，为了使各电器相互独立、便于控制和提高电气线路的可靠性，用电设备和电源间均为并联连接。单线制即从电源到用电设备使用一根导线连接，而另一根导线则用汽车车体或发动机机体的金属部分代替。单线制可节省导线，使线路简化、清晰，便于安装与检修。

四、负极搭铁

采用单线制时，蓄电池的一个电极需接在车架上，称为"搭铁"。若蓄电池的负极接车架就称为负极搭铁，反之则称为正极搭铁。负极搭铁对车架或车身连接处的电化学腐蚀较轻，对无线电干扰小。因此，我国汽车电气系统均为负极搭铁。

项目小结

（1）汽车电气设备的组成包括三大部分：电源、用电设备、全车电路及配电装置。

（2）电源包括蓄电池和发电机。

（3）用电设备包括起动系统、点火系统、照明系统、信号装置、仪表及报警装置、辅助电气设备、汽车电子控制系统等。

（4）汽车电气设备的特点是：低压电源、直流电源、并联单线制、负极搭铁。

习题与思考

1. 汽车电气设备由哪些系统组成？
2. 汽车电气设备有哪些特点？

项目二

铅酸蓄电池

- 了解铅酸蓄电池的分类、型号及选择方法；
- 熟知铅酸蓄电池的功用、结构、工作原理；
- 掌握铅酸蓄电池的充、放电特性及充电方法；
- 熟知铅酸蓄电池的容量及影响容量的因素；
- 学会铅酸蓄电池的正确使用及日常维护方法。

任务一　铅酸蓄电池的分类与功用

汽车蓄电池的主要作用是起动发动机，因此采用的是起动型铅酸蓄电池。蓄电池出现故障会影响发动机的起动，因此需要对蓄电池进行正确使用与维护。

一、铅酸蓄电池的分类

蓄电池是一种可逆的低压直流电源，它既能将化学能转化为电能，也能将电能转换为化学能。蓄电池可分为碱性蓄电池和酸性蓄电池两大类。

汽车上一般采用铅酸蓄电池（又称铅蓄电池），其主要目的是起动发动机。目前汽车上常用的铅酸蓄电池有：普通铅酸蓄电池、干荷电铅酸蓄电池、少维护或免维护铅酸蓄电池、封闭式免维护铅酸蓄电池等，此外还有混合型铅酸蓄电池和重组式铅酸蓄电池。

二、铅酸蓄电池的功用

汽车上装有铅酸蓄电池与发电机两个直流电源，全车用电设备均与直流电源并联连接。铅酸蓄电池的功用包括：

（1）发动机起动时，向起动机提供强大的起动电流，同时给点火系统、仪表、电子控制系统等用电设备供电。这是汽车上铅酸蓄电池的主要用途。汽油机的起动电流一般可达 200～600 A，柴油机的起动电流最高达 1 000 A 以上。

（2）发动机停转或低速运转时，由铅酸蓄电池向一切用电设备和发电机励磁绕组供电。

（3）发动机中、高速运转时，铅酸蓄电池接受发电机的充电，将发电机多余电能转化为化学能储存起来。

（4）发电机过载时，铅酸蓄电池协助发电机向用电设备供电。

（5）稳定电源电压，保护电器部件。铅酸蓄电池相当于一个较大的电容器，它能吸收电路中出现的瞬时过电压，保护电子元件和集成电路不被击穿，延长其使用寿命。

任务二　铅酸蓄电池的结构与型号

一、普通铅酸蓄电池的结构

普通铅酸蓄电池一般由 6 个单格电池串联而成，每个单格电池的额定电压为 2 V，串联成额定电压为 12 V 以供汽车选用。相邻两个单格电池之间有间壁相隔，互不相通，上端用联条把 6 个单格电池串联起来。普通铅酸蓄电池主要由极板、隔板、电解液、外壳、极桩和加液孔盖等组成，其结构如图 2-1 所示。

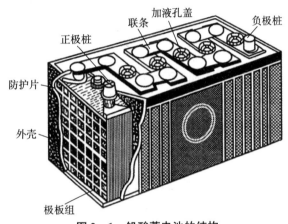

图 2-1　铅酸蓄电池的结构

1. 极板

极板是铅酸蓄电池的核心部分，铅酸蓄电池充放电过程中，电能与化学能的相互转换依靠极板上的活性物质与电解液中的酸进行化学反应来实现。

铅酸蓄电池极板分正、负极板，由栅架和活性物质组成，如图 2-2 所示。活性物质填充在铅锑合金铸成的栅架上，正极板上的活性物质是褐色的二氧化铅（PbO_2），负极板上的活性物质是青灰色海绵状纯铅（Pb）。

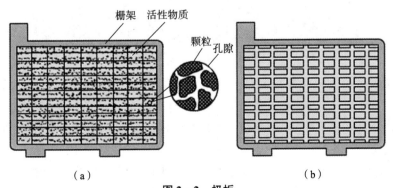

图 2-2　极板
(a) 极板；(b) 极板栅架

一片正极板和一片负极板浸入电解液中,可得到 2 V 左右的电动势,为增大铅酸蓄电池容量,常将多片正、负极板分别并联组成正、负极板组,如图 2-3 所示。

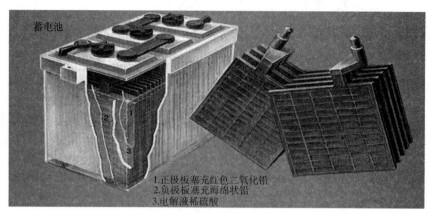

图 2-3 极板组

在栅架的铅锑合金中,锑的质量分数为 5% ~ 7%,加入锑是为了提高栅架的机械强度和浇铸性能。但是锑会加速氢的析出而加速电解液的消耗,还会引起铅酸蓄电池自放电和栅架腐蚀,缩短铅酸蓄电池使用寿命。目前多采用铅—低锑合金栅架(含锑质量分数为 2% ~ 3%)或铅—钙—锡合金栅架(无锑栅架)。在栅架合金中加入质量分数为 0.1% ~ 0.2% 的砷,可以减缓腐蚀速度,提高栅架的硬度和机械强度,增强其抗变形能力,延长铅酸蓄电池的使用寿命。目前国内外已使用铅锑砷合金栅架。

为降低铅酸蓄电池内阻,改善起动性能,现代汽车用铅酸蓄电池采用了高强度、低电阻值的放射形栅架,如图 2-4 所示。

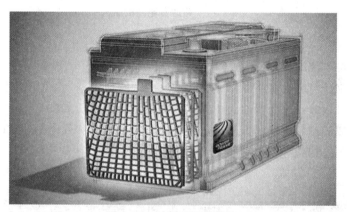

图 2-4 放射形栅架结构

因为正极板附近的化学反应剧烈,所以铅酸蓄电池使用寿命主要取决于正极板。因此正极板厚度为 2.2 ~ 2.4 mm,负极板厚度为 1.6 ~ 1.8 mm。近几年出现了一种薄型极板,厚度为 1.1 ~ 1.5 mm。薄型极板对提高铅酸蓄电池的比容量和改善起动性能都是很有利的。

注意: 因为正极板的强度较低,所有在单格铅酸蓄电池中,负极板总比正极板多一片,使每一片正极板都处于两片负极板之间,保持其放电均匀,防止变形。

2. 隔板

为避免正、负极板彼此接触而导致短路,在正、负极板间用绝缘的隔板隔开,如图2-5所示。隔板具有多孔性,以利于电解液自由渗透,减小铅酸蓄电池内阻。此外隔板还应具有耐酸、耐热、不氧化、不变形、不含杂质、亲水性好,有一定的机械强度等特性。隔板的面积一般比极板稍大一些,有些铅酸蓄电池还将隔板的一面制成带纵向沟槽。在组装中,带有沟槽的面应朝向正极板,且与底部垂直,使充、放电时,电解液能通过沟槽及时供给正极板,当正极板上的活性物质 PbO_2 脱落时能迅速通过沟槽沉入容器底部。

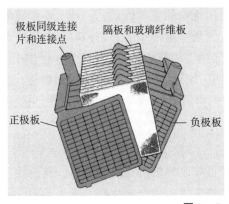
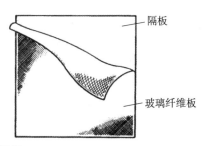

图2-5 隔板

常用的隔板材料有木质、微孔橡胶、微孔塑料、玻璃纤维等。木质隔板价格便宜,但耐酸性能差,已很少采用。微孔橡胶隔板性能好、寿命长,但生产工艺复杂、成本高,故尚未推广使用。微孔塑料隔板孔径小、孔率高,面薄柔韧,成本低,因此目前广泛使用。

近年来,免维护铅酸蓄电池通常将隔板制成袋式隔板,如图2-6所示,将正极板装入,起到良好的分隔作用,这样可以增大极板的面积,进而增大铅酸蓄电池容量。

图2-6 袋式隔板

3. 电解液

电解液的作用是与极板上的活性物质发生电化学反应,进行电能和化学能的相互转换。电解液由密度为 1.84 g/cm^3 的化学纯硫酸和蒸馏水配制而成,密度一般在 $1.24 \sim 1.30 \text{ g/cm}^3$,使用时根据当地最低气温或制造厂的要求进行选择,如表2-1所示。

表2-1 不同地区和气温条件下的电解液密度

使用地区气候条件	完全充足电的蓄电池在25 ℃时的电解液密度/(g·cm^{-3})	
	冬季	夏季
冬季,温度高于0 ℃	1.23	1.23
冬季,温度高于-20 ℃	1.26	1.23

续表

使用地区气候条件	完全充足电的蓄电池在 25 ℃时的电解液密度/(g·cm^{-3})	
	冬季	夏季
冬季，温度高于 -30 ℃	1.27	1.25
冬季，温度高于 -40 ℃	1.28	1.25
冬季，温度高于 -50 ℃	1.30	1.27

电解液的纯度是影响铅酸蓄电池性能和使用寿命的重要因素，一般工业用硫酸和普通水中，因含有铁、铜等有害杂质，绝对不能加入铅酸蓄电池中去，否则容易自行放电，并且容易损坏极板。因此，铅酸蓄电池电解液要用规定的专用硫酸和蒸馏水配制。使用中应注意，电解液的腐蚀性极强，溅到皮肤上或眼睛里会受伤。如果接触了铅酸蓄电池电解液，要立即用苏打水冲洗；酸液溅到眼睛中时应立即用清水或医用眼药清洗液冲洗，然后请医生处置。

4. 外壳

铅酸蓄电池外壳用于盛放电解液和极板组。早期生产的铅酸蓄电池大都采用耐酸、耐热、耐振、绝缘性能好的硬橡胶制成。但由于近年来发展的聚丙烯塑料，其韧性、强度、耐酸、耐热等方面的性能优于硬橡胶，且制作工艺简单、生产效率高、外形美观、透明、便于观察液面高度且成本低，因此逐步取代了硬橡胶。

铅酸蓄电池外壳为一整体式结构的容器，一组铅酸蓄电池正、负极板产生的电动势为 2 V，为获得 6 V 或 12 V 电动势，铅酸蓄电池需将 3 组或 6 组蓄电池串联起来，因此在制造时，将整个壳体制成 3 个或 6 个互不相通的单格，安装 3 组或 6 组极板，形成 6 V 或 12 V 的铅酸蓄电池。为防止极板的活性物质脱落后造成短路，每个单格的底部都有突起的肋条以搁置极板组。肋条之间的空隙可以积存极板脱落下来的活性物质。如图 2-7 所示为常见的铅酸蓄电池外壳。

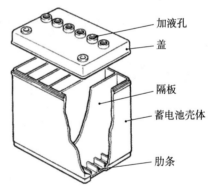

图 2-7 铅酸蓄电池外壳

每个单格铅酸蓄电池都有一个加液孔，可以加注电解液或检测电解液密度，如图 2-8 所示。孔盖上设有通气孔，便于排出铅酸蓄电池内部的 H_2 和 O_2 等气体，防止外壳涨裂，发生事故。

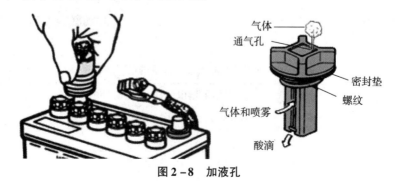

图 2-8 加液孔

5. 联条和极桩

联条的作用是将各单格铅酸蓄电池串联起来,极桩(见图2-9)用来与外部电路接线,都是用铅锑合金浇铸而成的。

图2-9 铅酸蓄电池极桩

传统铅酸蓄电池的联条是外露式的,安装在铅酸蓄电池外壳上,不仅浪费材料、容易损坏,还易导致铅酸蓄电池自放电,所以这种连接方式被穿壁式联条所取代。采用穿壁式联条连接单格铅酸蓄电池时,所用联条尺寸小,并设在铅酸蓄电池内部,如图2-10所示。

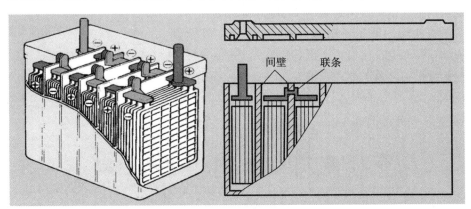

图2-10 穿壁式联条连接单格铅酸蓄电池示意图

二、改进的铅酸蓄电池

改进的铅酸蓄电池是在普通铅酸蓄电池的基础上经多次改进、研究开发了切拉金属板栅、玻璃纤维隔板、单格铅酸蓄电池之间穿壁式连接技术,及热封塑料外壳与盖等先进技术后开发的。

(一) 干荷电铅酸蓄电池

干荷电铅酸蓄电池与普通铅酸蓄电池的区别是极板组在完全呈干燥的状态下,能长期(一般为2年)保存其化学过程中所得到的电量。图2-11所示为国内某一品牌的干荷电铅酸蓄电池。

图2-11 干荷电铅酸蓄电池

干荷电铅酸蓄电池加足电解液后,静放 20~30 min 即可使用。

干荷电铅酸蓄电池的工艺特点:

(1) 在负极板的铅膏中加入松香、油酸、硬脂酸等抗氧化剂。

(2) 在化学形成过程中,有一次深度放电或反复充放电循环。

(3) 负极板在化成过程中进行水洗和浸渍。

(4) 正负极板和隔板用特殊工艺干燥处理。

因此,干荷电铅酸蓄电池提高了负极板上的海绵状纯铅的憎水性和抗氧化性。

(二) 免维护铅酸蓄电池

免维护铅酸蓄电池简写为 MF 铅酸蓄电池,如图 2-12 所示。与普通铅酸蓄电池相比,其在结构与使用上具有很多特点。

1. 免维护铅酸蓄电池的结构特点

(1) 极板栅架采用铅钙锡合金制成,消除了锑的副作用。

(2) 采用袋式聚氯乙烯隔板,可避免活性物质脱落、极板短路。

(3) 采用新型安全通气装置,孔塞内装有氧化铝过滤器和催化剂钯,帮助排出的氢离子和氧离子结合成水。

(4) 外壳由聚丙烯塑料制成,槽底无筋条,极板组

图 2-12 免维护铅酸蓄电池

可直接安放在壳底上,使极板上部容积增大 33% 左右,电解液储存量增大。

有些免维护铅酸蓄电池在内部装有一只指示荷电状况的指示器(或相对密度计),如图 2-13 所示。

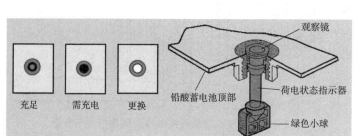

图 2-13 荷电状态指示器

2. 免维护铅酸蓄电池的优点

(1) 在整个使用过程中无须补加蒸馏水,减少了维护工作量。

(2) 自放电少,可储存 2 年以上,使用寿命长,一般为普通铅酸蓄电池的 2~3 倍。

(3) 耐过充电性能好,过充电电流在充满电时可接近零,减少了电和蒸馏水的消耗。

(4) 内阻小,启动性能好。

三、铅酸蓄电池的型号

(一) 国产铅酸蓄电池的型号

按 JB/T 2599—1993《铅酸蓄电池产品型号编制方法》规定,国产铅酸蓄电池的型号共

分3段5部分,其排列含义如图2-14所示。应该指出的是,国内铅酸蓄电池型号标准是依据国际电工委员会IEC95-1标准制定的。

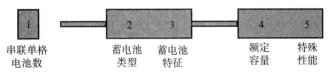

图2-14 国产铅酸蓄电池型号

第1部分表示串联的单格铅酸蓄电池数,用阿拉伯数字表示,铅酸蓄电池的标准电压是该数字的2倍。

第2部分表示铅酸蓄电池类型,用汉语拼音字母表示。大写字母"Q"表示启动用铅酸蓄电池,"M"表示摩托车用。

第3部分表示铅酸蓄电池特征,用大写字母表示,普通铅酸蓄电池可省略不写,铅酸蓄电池特征代号如表2-2所示。

表2-2 铅酸蓄电池特征代号

特征代号	铅酸蓄电池特征	特征代号	铅酸蓄电池特征
A	干荷电	B	半密闭式
H	湿荷电	F	防酸式
W	免维护	D	带液式
S	少维护	Y	液密式
J	胶体电解液	Q	气密式
M	密闭式	I	激活式

第4部分表示20 h放电率的额定容量,用阿拉伯数字表示,单位是A·h(安培·小时)。

第5部分表示特殊性能,用大写字母表示(无字为普通性能铅酸蓄电池),如薄型极板的高启动铅酸蓄电池用"G"表示;塑料槽用"S"表示;用"D"表示低温启动性好。

例2-1:东风EQ1091型车用6-QA-105型铅酸蓄电池是由6个单格铅酸蓄电池组成、额定电压为12 V、额定容量为105 A·h的启动用干荷电铅酸蓄电池。

例2-2:桑塔纳系列轿车用6-QAW-54型铅酸蓄电池是由6个单格铅酸蓄电池组成、额定电压为12 V、额定容量为54 A·h的启动用干荷电免维护铅酸蓄电池。

国产部分车型的铅酸蓄电池型号和主要性能见表2-3所示。

表2-3 国产部分车型的铅酸蓄电池型号和主要性能

车型	铅酸蓄电池		
	型号	额定电压/V	额定容量/(A·h)
红旗 CA722AE	6-QA-63S	12	63
奥迪100	6-QAS-63	12	63

续表

车型	铅酸蓄电池		
	型号	额定电压/V	额定容量/(A·h)
桑塔纳 2000	6-QAW-54	12	54
富康	L-250A-12V	12	42 或 50
北京切诺基	58-39 或 58-475	12	60 或 75
天津夏利	6-QA-40S	12	40
解放 CA1091	6-QAW-100	12	100
东风 EQ1090	6-QA-105D	12	105

（二）国外铅酸蓄电池的型号和规格

国外铅酸蓄电池的型号和规格编制标准不尽相同，美国采用由美国铅酸蓄电池协会（BIC）和美国汽车工程师协会（SAE）联合制定的相关标准，日本采用 JIS 标准，德国为 DIN 标准。

1. 日本铅酸蓄电池型号

以电池型号 95D31L 为例：

95——性能等级。数字越大，表示铅酸蓄电池可以存储的电量越多。

D——宽度和高度代号。有 A~H 共 8 个等级，越接近 H，表示铅酸蓄电池的宽度和高度值越大。

31——电池长度。

L——正极端子在左端。从远离铅酸蓄电池的位置来看，正极端子在右端标 R，正极端子在左端标 L。

2. 德国铅酸蓄电池型号

以电池型号 544-34 MF 为例：

544——表示铅酸蓄电池额定容量为 44 A·h。其中以 5 开头表示铅酸蓄电池额定容量在 100 A·h 以下；以 6 开头表示铅酸蓄电池额定容量在 100~200 A·h 之间，以 7 开头表示铅酸蓄电池额定容量在 200 A·h 以上。610-17 MF 表示铅酸蓄电池额定容量为 110 A·h；700-27 表示铅酸蓄电池额定容量为 200 A·h。

44——表示铅酸蓄电池尺寸组号。

MF——表示为免维护型铅酸蓄电池。

3. 美国铅酸蓄电池型号

以电池型号 58-430（12V 430A 80min）为例：

58——表示铅酸蓄电池尺寸组号。

430——表示冷启动电流为 430 A。

80 min——表示铅酸蓄电池储备容量为 80 min。

其中括号中的内容可省略，如 58-430、78-600。

四、铅酸蓄电池的选用

铅酸蓄电池的选用原则如下：
（1）电压必须和汽车电气系统的额定电压一致。
（2）容量必须满足汽车起动的要求。
（3）外形大小也必须合适。

✱ 任务三 铅酸蓄电池的工作原理和特性

一、铅酸蓄电池的工作原理

铅酸蓄电池的工作原理就是化学能与电能的相互转化。当铅酸蓄电池将化学能转化为电能而向外供电时，称为放电过程；当铅酸蓄电池与外界直流电源相连而将电能转化为化学能储存起来时，称为充电过程。

铅酸蓄电池充满电时，正极板活性物质为二氧化铅（PbO_2），负极板的活性物质为海绵状纯铅（Pb）；放电时，正、负极板的活性物质都逐渐变为硫酸铅（$PbSO_4$），消耗电解液中的硫酸而产生水。铅酸蓄电池充放电的过程如图 2-15 所示。

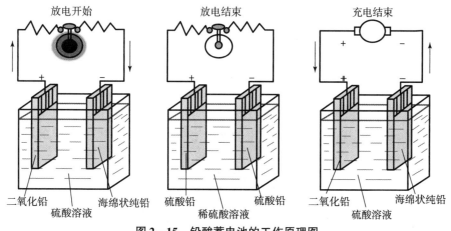

图 2-15 铅酸蓄电池的工作原理图

铅酸蓄电池充放电过程中的总化学反应式如下：

$$PbO_2 + 2H_2SO_4 + Pb \underset{充电}{\overset{放电}{\rightleftharpoons}} PbSO_4 + 2H_2O$$

正极板　电解液　负极板　　　　正、负极板　电解液

充放电过程的特性如下：
（1）具有可逆性。
（2）放电过程中，消耗了硫酸（H_2SO_4），生成了水（H_2O），所以电解液的密度不断下降。
（3）充电过程中，消耗了水（H_2O），生成了硫酸（H_2SO_4），所以电解液的密度不断

上升。

二、铅酸蓄电池的工作特性

铅酸蓄电池的工作特性主要包括铅酸蓄电池的静止电动势、内阻以及充放电特性。

1. 静止电动势

铅酸蓄电池在静止状态下（即不充电、不放电的情况下），正、负极板间的电位差叫作静止电动势，可用直流电压表或万用表（直流电压挡）直接测得。汽车用铅酸蓄电池的静止电动势即单格铅酸蓄电池电压，约为 2.1 V。

2. 铅酸蓄电池内阻

铅酸蓄电池的内阻包括极板、电解液、隔板、联条和极桩等的电阻。

在正常使用条件下，极板电阻很小，只有极板发生硫化故障时，极板的电阻才会明显增大。

电解液电阻与温度、密度有关。密度大，温度低，电解液的黏度增大，渗透力下降，电解液电阻增大。

隔板电阻主要取决于隔板的材料、厚度及多孔性。在常用的隔板中，微孔塑料隔板的电阻较小。

联条和极桩的电阻本来就很小，尤其是采用了穿壁式结构后，已降到很低，可忽略不计。但在使用中因维护不当，极桩氧化腐蚀时，电阻将显著增大。

总之，铅酸蓄电池的内阻是很小的，如美国标准 SAEJ546 明确规定，12 V 铅酸蓄电池在标准负荷时的内阻为 0.014 Ω。

3. 铅酸蓄电池的放电特性

铅酸蓄电池的放电特性是指恒流放电过程中，单格铅酸蓄电池的端电压 U、电解液密度 $\rho_{25℃}$ 随放电时间 t 的变化规律。完全充足电的蓄电池以 20 h 放电率恒流放电的特性曲线如图 2-16 所示。

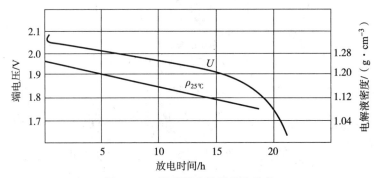

图 2-16 铅酸蓄电池的放电特性

电解液密度 $\rho_{25℃}$ 按线性规律下降。由于恒流放电，电流值一定，化学反应速度一定，单位时间消耗的硫酸量一定。密度每下降 0.01 g/cm³，铅酸蓄电池放电 6% 左右。

放电时，由于铅酸蓄电池内阻 R_0 上有压降，则铅酸蓄电池端电压 U 总小于其电动势 E，若放电电流用 I_f 表示，则：

$$U = E - I_f \times R_0$$

放电过程可分为以下 4 个阶段：

(1) 开始放电阶段 (2.1~2.0 V)，此阶段电压下降较快。由于极板孔隙内硫酸迅速消耗，电解液密度迅速下降，端电压迅速下降。

(2) 相对稳定阶段 (2.0~1.85 V)，此阶段电压下降缓慢。由于极板孔隙外向孔隙内扩散的硫酸与孔隙内消耗的硫酸达到动态平衡，孔内外电解液密度一起缓慢下降，所以端电压缓慢下降。

(3) 迅速下降阶段 (1.85~175 V)，由于放电接近终了时，化学反应渗入到极板内层，而放电时生成的硫酸铅体积较原来的活性物质的体积大，硫酸铅聚集在极板孔隙内，缩小了孔隙的截面积，使电解液渗入困难，因而极板孔内消耗的硫酸难以补充，孔隙内的电解液密度便迅速下降，端电压也随之急剧下降。

(4) 过度放电阶段 (<1.75 V)，此时应停止放电，如果继续放电，端电压在短时间内将急剧下降到零，导致铅酸蓄电池产生硫化故障，缩短其使用寿命。

铅酸蓄电池是否放完电，通常可以通过测量其电压和电解液密度来判断。但是，铅酸蓄电池允许放电终止电压与放电电流强度有关，放电电流越大，连续放电时间越短，允许放电终止电压越低，如表 2-4 所示。

表 2-4 放电电流与终止电压的关系

放电电流/A	连续放电时间/h	单格电池放电终止电压/V
$0.05C$	20	1.75
$0.1C$	10	1.7
$0.25C$	3	1.65
$1C$	0.5 (30 min)	1.55
$3C$	0.09 (5.5 min)	1.5
注：C 为蓄电池额定容量。		

蓄电池放电终了的标志为：

(1) 单格电压下降到放电终止电压值（以 20 h 放电率放电时，此值为 1.75 V）。
(2) 电解液密度下降到最小许可值，约为 1.11 g/cm³。

4. 铅酸蓄电池的充电特性

在恒流充电过程中，铅酸蓄电池的端电压 U 和电解液相对密度 $\rho_{25℃}$ 随时间 t 而有规律地变化。恒流充电特性曲线如图 2-17 所示。

电解液密度 $\rho_{25℃}$ 按线性规律上升。恒流充电，电流值一定，化学反应速度一定，单位时间生成的硫酸量一定。

充电时，电源电压必须克服铅酸蓄电池的电动势 E 和内部的电阻 R_0 压降，因此充电过程中，铅酸蓄电池的端电压 U，总是大于电动势，若充电电流用 I_c 表示，则：

$$U = E + I_c \cdot R_0$$

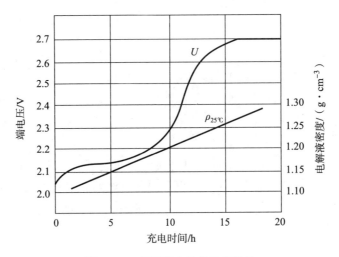

图 2-17 铅酸蓄电池的充电特性

充电过程可分为以下 4 个阶段:

(1) 充电开始阶段 (2.0~2.1 V),由于开始充电时,孔隙内迅速生成硫酸,使孔隙中电解液密度增大,端电压迅速上升。

(2) 稳定上升阶段 (2.1~2.4 V),由于孔隙内生成的硫酸向孔隙外扩散,当硫酸生成的速度与扩散速度达到平衡时,端电压随整个容器内电解液密度变化而缓慢上升。

(3) 充电末期 (2.4~2.7 V),当电压达到 2.3~2.4 V 时,极板外层的活性物质基本都恢复为 PbO_2 和 Pb 了,继续充电,便使电解液中水电解,产生 H_2 和 O_2,以气泡形式出现,形成"沸腾"现象。由于产生的 H_2 以离子状态 H^+ 集结在电解液中负极板处,来不及立即全部变成气泡放出,使得溶液与极板之间产生约 0.33 V 的附加电压,因而使得端电压上升至 2.7 V。此时应切断电源,停止充电。否则将会造成"过充电"。长时间过充易加速极板活性物质脱落,使极板过早损坏,因此必须避免。

(4) 充电停止后,由于充电电流为零,端电压迅速回落,极板孔隙电解液和容器中的电解液密度趋于平衡,端电压逐渐下降至静止电动势。

铅酸蓄电池充电终了的标志为:

(1) 电解液中剧烈冒气泡,呈"沸腾"现象。

(2) 端电压上升到最大值 2.7 V,且在 2~3 h 内不再上升。

(3) 电解液密度上升到最大值,且在 2~3 h 内不再上升。

三、铅酸蓄电池的容量及其影响因素

(一) 铅酸蓄电池的容量

铅酸蓄电池的容量标志着铅酸蓄电池对外供电的能力,是指完全充足电的铅酸蓄电池,在允许的放电范围内所能输出的电量。

我国及大部分国家多采用 A·h (安培·小时) 来计算铅酸蓄电池的容量。当铅酸蓄电池以恒流放电时,其容量 C 等于放电电流 I_f 与持续放电时间 t_f 的乘积,即:

$$C = I_f \cdot t_f$$

式中，C 表示铅酸蓄电池的容量，单位为 A·h；I_f 表示放电电流，单位为 A；t_f 表示放电时间，单位为 h。

铅酸蓄电池的容量与放电电流的大小和电解液密度等因素有关，因此一般铅酸蓄电池容量为额定容量。

铅酸蓄电池的额定容量是指完全充足电的铅酸蓄电池，在电解液平均温度为 25 ℃ 的情况下，以 20 h 放电率放电至单格铅酸蓄电池平均电压降到 1.75 V 时所输出的电量。

例如，6-QA-60 型铅酸蓄电池，在电解液温度为 25 ℃ 时，以 3 A 的放电电流持续放电 20 h 后单格铅酸蓄电池电压降至 1.75 V，其额定容量：$C_{20}=3\times20=60$（A·h）。

（二）影响铅酸蓄电池容量的因素

铅酸蓄电池容量不是一个固定不变的常数，而是与很多因素有关，主要包括生产工艺、产品结构和使用条件等。

1. 构造因素对容量的影响

（1）极板厚度越薄，活性物质的利用率就越高，容量就越大。

（2）极板面积越大，同时参与反应的物质就越多，容量就越大。

（3）同性极板中心距越小，铅酸蓄电池内阻就越小，容量就越大。

2. 使用因素对容量的影响

（1）放电电流。

放电电流越大，铅酸蓄电池容量越低。因为放电电流越大，单位时间所消耗的硫酸越多，极板孔隙内硫酸消耗较快，造成孔隙内电解液下降过快，电解液来不及渗入极板内部，就已被表面生成的硫酸铅堵塞，致使极板内部大量的活性物质不能参加化学反应，因而铅酸蓄电池容量减小。铅酸蓄电池容量与放电电流关系如图 2-18 所示。

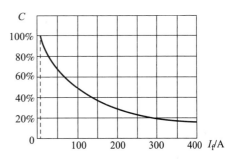

图 2-18 铅酸蓄电池容量与放电电流的关系

由此可知，如果长时间接通起动机，就会使铅酸蓄电池的端电压急剧降至终止电压，输出容量迅速减小，并使铅酸蓄电池过放电而损坏。因此，在使用起动机时必须严格控制起动时间，每次接入起动机的时间不得超过 5 s，连续两次起动应间隔 15 s 以上，以便电解液成分渗入极板内层，提高铅酸蓄电池的使用寿命和容量。

（2）电解液温度。

若电解液温度降低，铅酸蓄电池输出的容量会减小。电解液温度与容量关系如图 2-19 所示。因为电解液温度降低，电解液的黏度增大，离子运动速度慢；而且，极板的收缩使得极板表面的孔隙缩小，电解液向极板孔隙内渗入困难，极板孔隙内的活性物质不能充分利用，使铅酸蓄电池放电容量下降。一般地讲，在正常范围内，电解液温度每下降 1 ℃，铅酸蓄电池容量下降 1%。

由于上述原因，冬季起动时，铅酸蓄电池的端电压将会大幅度降低，往往导致起动、点火困难，因此冬季应注意对铅酸蓄电池的保温。

(3) 电解液密度。

适当增加电解液密度，可以提高铅酸蓄电池的电动势及电解液的渗透能力，并减小电解液的内阻，使铅酸蓄电池容量增加。但密度过大，将使其黏度增加，从而使渗透能力降低，内阻增大，端电压及容量减小。电解液密度与铅酸蓄电池容量的关系如图 2-20 所示。

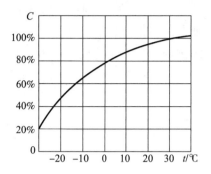

图 2-19　电解液温度与容量的关系　　　图 2-20　电解液密度与容量的关系

实践证明电解液密度偏低有利于提高放电电流和容量。冬季使用的电解液，在不使其结冰的前提下，应尽可能采用稍低的电解液密度。

(4) 电解液纯度。

如果电解液中混入杂质，就会腐蚀极板上的栅架，并沉附于极板上形成局部电压差，产生铅酸蓄电池自放电。

任务四　铅酸蓄电池的充电

一、充电方法

无论是启用新的铅酸蓄电池和修复后的铅酸蓄电池，还是装在车上使用的铅酸蓄电池以及存放的铅酸蓄电池，都必须对其进行充电，这对铅酸蓄电池的寿命有很大影响。

铅酸蓄电池的常规充电方法有定流充电和定压充电两种，非常规充电方法有脉冲快速充电和智能快速充电。

(一) 定流充电

在充电过程中，充电电流保持不变的充电方法称为定流充电（通过调整电压，保证电流不变）。定流充电采用两阶段充电法，在第一阶段用较大电流充电，当单格铅酸蓄电池电压升到 2.4 V，电解液开始产生气泡后，将充电电流减小一半进行第二阶段定流充电，直到铅酸蓄电池完全充足电为止。定流充电特性曲线如图 2-21 所示。图 2-22 为充电电流相同的多组铅酸蓄电池定流充电的连接图。

定流充电的优点为：充电电流可随意选择，有益于延长铅酸蓄电池寿命，可减少活性物质脱落，又能保证铅酸蓄电池充满电。可用于初充电和去硫化充电。完成一次初充电需 60~70 h，补充充电需 10~13 h。

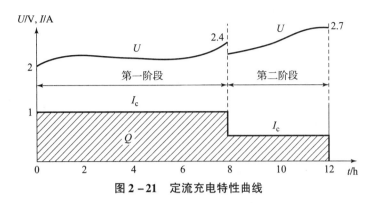

图 2-21 定流充电特性曲线

定流充电的缺点是充电时间长,且需要经常调整充电电流。

(二) 定压充电

在充电过程中,充电电压保持不变的充电方法称为定压充电。定压充电是铅酸蓄电池在汽车上由发电机对其进行充电的方法。定压充电特性曲线如图 2-23 所示。图 2-24 为额定电压相同的多组铅酸蓄电池定压充电的连接图。

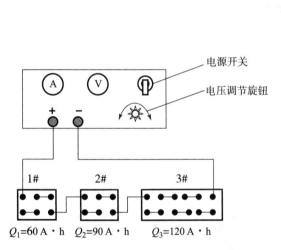

图 2-22 不同容量不同电压的铅酸蓄电池定流充电

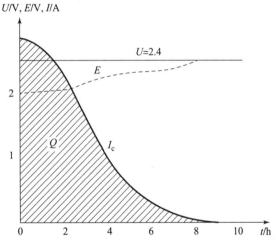

图 2-23 定压充电特性曲线

定压充电的优点为:充电速度快,充电时间短,充电电流会随着电动势的上升而逐渐减小到零,使充电自动停止,不必人工调整和照管。

定压充电的缺点是:充电电流大小不能调整,所以不能保证铅酸蓄电池彻底充足电,也不能用于初充电和去硫化充电。

在定压充电过程中,充电电压对充电的效果影响很大,如果充电电压合适,铅酸蓄电池充足电后,充电电流可自动减小到零。如果充电电压过低,铅酸蓄电池将永远也充不满电,对铅酸蓄电池的使用寿命会产生很大的影响。如果充电电压过高,在铅酸蓄电池充满电后还会继

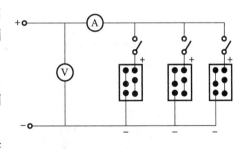

图 2-24 定压充电电路

续充电,此时的充电即为过充电,过充电将会消耗电解液中的水,也会影响铅酸蓄电池的使用寿命。

(三) 快速充电

快速充电,亦为分段充电法。该方法的显著特点是充电速度快,即充电时间大大缩短。一次初充电只需 5 h 左右,补充充电只需 1 h。采用这种方法充电,还可以使铅酸蓄电池容量增加,使极板去硫化明显。但其缺点是出气率高,即充电过程中产生大量的气泡,对极板活性物质的冲刷力强,易使活性物质脱落,因而对铅酸蓄电池的寿命有一定影响。快速充电的基本方法有脉冲快速充电和智能快速充电。

1. 脉冲快速充电

整个充电过程为:正脉冲充电、停充(25 ms)、负脉冲(瞬间)放电或反充、再停充、再正脉冲充电。其充电电流波形如图 2-25 所示。

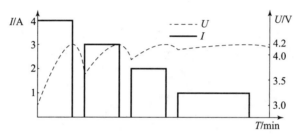

图 2-25 脉冲快速充电的电流波形

(1) 大电流恒流充电,$I_c = (0.8 \sim 1) C_{20}$,至单格电压升至 2.4 V。

(2) 前停充 15~25 ms。

(3) 反向脉冲充电,$I_c = (1.5 \sim 2.0) C_{20}$,时间为 150~1 000 μs。

(4) 后停充 25~40 ms,如此循环,直至充足电。

2. 智能快速充电

即利用单片机的智能功能,控制充电电流按照最佳充电电流变化而实现快速充电的方法。

二、充电种类

1. 初充电

对新铅酸蓄电池或更换极板后的铅酸蓄电池在使用之前的首次充电称为初充电。它的目的在于恢复铅酸蓄电池在存放期,极板上部分活性物质缓慢放电和硫化而失去的电量。初充电的特点:充电电流小,充电时间长,必须彻底充电。

初充电的程序如下:

(1) 加注电解液。新铅酸蓄电池在出厂时没有装电解液,电解液是由使用者加注的,其密度要符合厂家规定,液面高出极板上沿 15 mm。加注电解液后,铅酸蓄电池应放置 3~6 h,待温度低于 35 ℃后才能进行充电。

(2) 初充电过程。将铅酸蓄电池接入充电机,用定流充电法。第一阶段充电的电流约为额定电容的 1/15,充电至电解液中逸出气泡,单格电压达到 2.4 V 时为止。第二阶段充电的电流减半，充电至电解液沸腾，密度和端电压连续 3 h 不变为止。整个初充电时间为 60 h 左右。

（3）充电注意事项。充电过程中应经常测量电解液温度，上升到 40 ℃时应将充电电流减半；上升到 45 ℃时应停止充电，待冷却至 35 ℃以下再进行充电。初充电接近完毕时，应测量电解液密度，如果不符合规定值，应用蒸馏水或密度为 1.4 g/cm^3 的电解液调整，调整后再充电 2 h。新铅酸蓄电池充电完毕后，要以 20 h 放电率放电，再次充电，然后又以 20 h 放电率再次放电。如果第二次放电的铅酸蓄电池容量不小于额定容量的 90%，就可以使用了。

2. 补充充电

铅酸蓄电池在汽车上使用时，经常有充电不足的现象，应根据需要进行补充充电。需补充充电情况如下：

（1）起动无力时（非机械故障）。
（2）前照灯灯光暗淡，表示电力不足时。
（3）电解液密度下降到 1.20 g/cm^3 以下时。
（4）冬季放电超过 25%，夏季放电超过 50% 时。

补充充电可采用定流充电，也可采用定压充电。采用定流充电与初充电相似，但充电电流可以略大。其充电过程如下：

1）充电前不要加注电解液；若液面高度不够，应补加蒸馏水。

2）将铅酸蓄电池接入充电机。第一阶段充电的电流约为额定容量的 1/10，充电至电解液中逸出气泡，单格电压达到 2.4 V 时为止。第二阶段充电的电流减半，直到充足。总的充电时间为 13～16 h。

3. 间歇过充电

间歇过充电是避免使用中的铅酸蓄电池极板硫化的一种预防性充电。一般应每隔 3 个月进行一次。充电方法是先按补充充电方法充足电，停歇 1 h 后，再以减半的充电电流进行过充电，直至充足电为止。

4. 循环锻炼充电

铅酸蓄电池在使用中常处于部分放电的状态，参加化学反应的活性物质有限，为迫使相当于额定容量的活性物质都能参加工作，以避免活性物质由于长期不参与化学反应而收缩，每隔一段时间（如 3 个月）应对铅酸蓄电池进行一次循环锻炼充电。即按补充充电方法将铅酸蓄电池充足电，然后以 20 h 放电率放完，再按补充充电的方法充足。

5. 去硫化充电

铅酸蓄电池发生硫化故障后，内阻将显著增大，充电时温升也较快。硫化严重的铅酸蓄电池只能报废，硫化程度较轻的可以用去硫化充电法消除硫化。去硫化充电的程序如下：

（1）倒出电解液，加入蒸馏水冲洗两次后，再加入蒸馏水。

（2）用初充电的电流或更小的电流进行充电，当密度上升到 1.15 g/cm^3 时，倒出电解液，再加蒸馏水继续充电，直至密度不再上升。

（3）以 20 h 放电率电流放电至单格电压降到 1.75 V 时，再进行上述充电。反复进行以上过程，直至输出容量达到额定容量的 80% 以上，即可使用。

三、充电设备

(一) 充电设备种类

(1) 车上的充电设备为发电机。

(2) 充电专用设备：硅整流充电机（见图 2-26）、晶闸管整流充电机、脉冲快速充电机、智能快速充电机。

(二) 晶闸管整流充电机

目前常用的充电设备是晶闸管整流充电机，现对它做简单介绍。

1. 主要性能指标

(1) 输出电流在 0~20 A 范围内连续可调。

(2) 输入电压在 150~250 V 范围内均可调。

(3) 电压自动控制有 6 V、12 V、24 V、36 V、48 V、60 V 共 6 挡。

2. 使用方法

(1) 交流输入用三根铜导线分别对应连接 220 V 交流电源及搭铁。

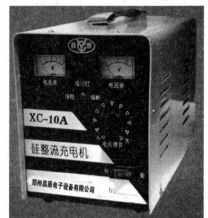

图 2-26 硅整流充电机

(2) 将被充电铅酸蓄电池连接（一般为串联）成铅酸蓄电池组，然后将铅酸蓄电池组正、负极对应连接输出接线的正、负极（一般连接正极的导线采用红色）。

(3) 使用自动控制方式时，若要对一只 12 V 蓄电池充电，应按下 12 V 按键；若为两只 12 V 蓄电池串联，则应按下 24 V 按键，依此类推。

(4) 若不使用自动控制，则不需按自动控制键。

3. 充电过程

(1) 连接铅酸蓄电池与充电机，先将电流调节到最小值，按下相应电压按键。

(2) 启动电源开关后，旋转电流调节旋钮，使电流表读数逐步增大到所需的充电电流，此时电压表指示充电电压，充电指示灯亮。铅酸蓄电池充足电后会自动停机，并发出警报声。

(3) 若设备有故障时，充电机会自动断电，红色指示灯点亮。此时应切断交流电源，消除故障，然后再充电。

任务五　铅酸蓄电池的使用与维护

一、铅酸蓄电池的正确使用及维护

(一) 铅酸蓄电池的储存

1. 新铅酸蓄电池的储存

未启用的新铅酸蓄电池，其加液孔盖上的通气孔均已封闭，不要捅破。储存方法和储存时间应以出厂说明为准。

保管铅酸蓄电池时应注意以下几点：

（1）应存放在室温为 5~30 ℃，干燥、清洁及通风的地方。

（2）不要受阳光直射，离热源（暖气片、火炉）距离不小于 2 m。

（3）避免与任何液体和有害气体接触。

（4）不得倒置或卧放，不得叠放，不得承受重压，相邻铅酸蓄电池之间应相距 10 cm 以上。

（5）新铅酸蓄电池的存放时间不得超过两年（自出厂之日算起）。

2. 暂时不用的铅酸蓄电池的储存

对暂时不用的铅酸蓄电池，可采用湿储存方法，即先将铅酸蓄电池充足电，再将电解液密度调至 1.24~1.28 g/cm^3，液面调至规定高度，然后将加液孔盖上的通气孔密封。存放条件与新铅酸蓄电池相同，存放期不得超过半年，期间应定期检查，如容量降低 25%，应立即补充充电，交付使用前也应先充足电。

3. 长期停用的铅酸蓄电池的储存

停用期长（超过 1 年）的铅酸蓄电池，应采用干储存法，即先将充足电的铅酸蓄电池以 20 h 放电率放完电，然后倒出电解液，用蒸馏水反复冲洗多次，直到水中无酸性，晾干后旋紧加液孔盖，并将通气孔密封后储存，其存放条件与新铅酸蓄电池相同。重新启用时，以新铅酸蓄电池对待。

（二）启用新铅酸蓄电池

普通铅酸蓄电池启用时，首先擦净外表面，旋开加液孔盖，疏通通气孔，注入新电解液，静置 4~6 h 后，调节液面高度到规定值，按初充电规范进行充电后即可使用。

干荷电铅酸蓄电池在规定存放期（一般为两年）内，启用时可直接加入规定密度的电解液，静置 20~30 min 后，校准液面高度即可使用。若超期存放或保管不当损失部分容量，应在加注电解液后经补充充电方可使用。

（三）铅酸蓄电池的拆装

（1）拆装、移动铅酸蓄电池时，应轻搬轻放，严禁在地上拖拽。

（2）安装前应检查待用铅酸蓄电池型号是否和本车型相符，电解液密度和高度是否符合规定。

（3）安装时必须将铅酸蓄电池固定在托架上，塞好防振垫，以免汽车行驶时铅酸蓄电池在托架中振动。

（4）极桩上应涂上凡士林或润滑脂，以防腐防锈。极桩卡子应紧固，与极桩之间保持接触良好。

（5）蓄电池搭铁极性必须与发电机一致，不得接错。

（6）接线时先接正极后接负极，拆线时相反，以防金属工具搭铁，造成铅酸蓄电池短路。

（四）铅酸蓄电池的维护

（1）保持铅酸蓄电池外表面清洁干燥，及时清除极桩和电缆卡子上的氧化物，并确定铅酸蓄电池极桩上的电缆连接牢固。

清洗铅酸蓄电池时，最好从车上拆下铅酸蓄电池，用苏打水溶液冲洗整个壳体，然后用清水冲洗铅酸蓄电池并用纸巾擦干。对铅酸蓄电池托架，可先用腻子刀刮净厚腐蚀物，然后用苏打水溶液清洗托架，之后用水冲洗并干燥。托架干燥后，漆上防腐漆。

对极桩和电缆卡子，可先用苏打水溶液清洗，再用专用清洁工具进行清洁，清洗后，在电缆卡子上涂上凡士林或润滑脂防止腐蚀。

注意：清洗铅酸蓄电池之前，要拧紧加液孔盖，防止苏打水进入铅酸蓄电池内部。

（2）保持加液孔盖上通气孔的畅通，定期疏通。

（3）定期检查并调整电解液液面高度，液面不足时应补加蒸馏水。

（4）汽车每行驶1 000 km或夏季行驶5～6天，冬季行驶10～15天后，应用密度计或高率放电计检查一次铅酸蓄电池的放电程度，当冬季放电超过25%，夏季放电超过50%时，应及时将铅酸蓄电池从车上拆下进行补充充电。

（5）根据季节和地区的变化及时调整电解液的密度。冬季可加适量的密度为1.40 g/cm^3的电解液，以调高电解液的密度（一般比夏季高0.02～0.04 g/cm^3为宜）。

（6）冬季向铅酸蓄电池内补加蒸馏水时，必须在铅酸蓄电池充电前进行，以免蒸馏水和电解液混合不均匀而引起结冰。

（7）在冬季，铅酸蓄电池应经常保持在充足电的状态，以防电解液密度降低而结冰，引起外壳破裂。

二、铅酸蓄电池常见故障与排除方法

铅酸蓄电池在使用过程中出现的故障，按部位可分为外部故障（见图2-27）和内部故障。

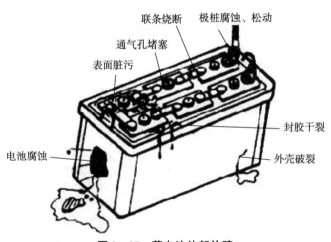

图2-27 蓄电池外部故障

（1）外部故障：外壳破裂、极桩腐蚀、极桩松动、封胶干裂、电池腐蚀、通气孔堵塞、联条烧断、表面脏污等。

（2）内部故障：极板硫化、自行放电、极板短路、活性物质脱落、极板栅架腐蚀、极板拱曲等。

本节重点介绍铅酸蓄电池的内部故障。

(一) 极板硫化

1. 故障现象

(1) 铅酸蓄电池容量降低，用高率放电计检测时，单格电压迅速下降。

(2) 电解液的密度下降到低于规定的正常数值。

(3) 铅酸蓄电池在开始充电及充电完毕时电压过高，可达 2.7 V 以上。

(4) 铅酸蓄电池在充电时过早地产生气泡，甚至一开始充电就有气泡。

(5) 铅酸蓄电池在充电时电解液温度上升得过快，易超过 45 ℃。

(6) 铅酸蓄电池放电时电压下降过快（用低放电率放电），过早地降至终止电压。

(7) 在极板上生成坚硬、不易溶解的白色大颗粒物。

2. 故障原因

(1) 铅酸蓄电池在放电与半放电状态下长期放置，由于硫酸铅在有昼夜温差的情况下，不断在电解液中有溶解与结晶两个相反的过程交替发生，产生再结晶，经过多次再结晶，便在极板上形成粗大的不易溶解的硫酸铅晶粒。

(2) 铅酸蓄电池经常过量放电或小电流深度放电，从而在极板细小孔隙的内层生成硫酸铅，平时充电不易恢复。

(3) 电解液液面过低，极板上部的活性物质露在空气中被氧化，汽车行驶时电解液的波动使其接触氧化了的活性物质，生成粗晶粒的硫酸铅。

(4) 初充电不彻底或不进行定期补充充电。铅酸蓄电池初充电不彻底或使用期间不进行定期补充充电，使其在半充电状态长期使用，极板上的放电产物硫酸铅长期存在，也会通过再结晶形成粗大的颗粒。

(5) 电解液不纯或其他原因导致铅酸蓄电池自行放电，均会产生硫酸铅，从而为硫酸铅再结晶提供物质基础。

3. 故障排除

铅酸蓄电池出现轻度硫化故障，可用 2～3 A 的小电流长时间充电，即过充电；或用全放、全充的充放电循环方法使活性物质还原。也可用去硫化充电的方法消除。

出现严重硫化故障的铅酸蓄电池，应予以报废。

(二) 自行放电

1. 故障现象

充足电的铅酸蓄电池放置不用，逐渐失去电量的现象，叫作自行放电。普通铅酸蓄电池由于本身结构的原因，会产生一定的自行放电。一般自行放电每昼夜容量下降在 1% 以内，可视为正常现象，如果每昼夜容量下降超过 2%，就应视为故障。

2. 故障原因

(1) 电解液不纯，电解液中的杂质沉附于极板上产生局部放电。

(2) 铅酸蓄电池溢出的电解液堆积在盖板上，使正、负极桩形成回路。

(3) 铅酸蓄电池长期放置不用，硫酸下沉，下部密度较上部大，极板上下部发生电位差引起自行放电等。

（4）极板活性物质脱落，下部沉淀物过多使极板短路。

3. 故障排除

发生自行放电故障后，应倒出电解液，取出极板组，抽出隔板，再用蒸馏水冲洗极板和隔板，然后重新组装，加入新的电解液重新充电。

（三）极板短路

1. 故障现象

（1）充电时电解液温度迅速升高，而端电压和电解液密度上升缓慢。

（2）充电末期气泡少，用高率放电计检查时，端电压迅速下降为零。

2. 故障原因

（1）隔板损坏。

（2）极板拱曲（由充、放电电流过大引起）造成隔板破损。

（3）活性物质大量脱落沉积于铅酸蓄电池底部，使极板底部短接。

3. 故障排除

拆开铅酸蓄电池，查明原因方可排除。

（四）活性物质脱落

1. 故障现象

充电时有褐色物质自底部上升，主要是指正极板上的 PbO_2 脱落，铅酸蓄电池容量明显不足。

2. 故障原因

（1）充电电流过大或过度充电时间太长。

（2）低温时大电流放电，极板拱曲。

（3）电解液不纯。

（4）铅酸蓄电池使用中受到过于剧烈的振动。

3. 故障排除

活性物质脱落不严重的铅酸蓄电池，可将铅酸蓄电池全放电，倒出电解液，用蒸馏水冲洗铅酸蓄电池内部，最后对铅酸蓄电池补充充电后可继续使用，严重时更换极板或报废。

（五）铅酸蓄电池反极

1. 故障现象

（1）铅酸蓄电池组电压下降，输出容量下降。

（2）极板、极桩颜色异常，严重时会造成活性物质脱落和极板拱曲。

2. 故障原因

（1）多个铅酸蓄电池串联使用时，如果个别铅酸蓄电池或铅酸蓄电池单格的容量比其他的铅酸蓄电池单格都低，则成为一个反极充电铅酸蓄电池。

（2）充电时，铅酸蓄电池与充电机接线错误，造成充电电流反向。

3. 故障排除

当发现有反极铅酸蓄电池时,应立即对反极铅酸蓄电池进行单独充电。并对反极铅酸蓄电池进行多次充放电循环锻炼,直至与其他铅酸蓄电池一致。

三、铅酸蓄电池典型故障诊断与排除

(一)铅酸蓄电池发生爆炸

1. 故障现象

一辆解放 CA1091 型装运水泥的货车,在炎热的夏天行驶时,突然发生铅酸蓄电池爆炸,幸好驾驶员处理得当,才没有发生交通事故。

2. 故障检修

停车检测被炸铅酸蓄电池时,发现铅酸蓄电池加液孔盖上的通气孔已被尘土和氧化物堵塞,将被炸的铅酸蓄电池碎片清除干净,换上充足电的新铅酸蓄电池后故障排除。

3. 故障分析

驾驶员因长期没有很好地维护和冲洗铅酸蓄电池外壳,使铅酸蓄电池加液孔盖的小孔不畅通。这样在充电时,铅酸蓄电池内部电解液温度上升,电解液分解出的氢气、氧气较多而不能及时排出,造成铅酸蓄电池内部气体膨胀,特别是在炎炎夏日,往往会引起铅酸蓄电池爆炸。另外,铅酸蓄电池内部联条虚焊,产生火花,H_2 遇火花也会引起铅酸蓄电池爆炸。

(二)免维护铅酸蓄电池损坏故障

1. 故障现象

一辆富康 ZX 型 1.36 L 轿车点火开关置于起动挡,起动机不能运转;按动喇叭开关,响声低微,灯光暗淡无光。

2. 故障检修

故障现象表明,铅酸蓄电池严重亏电。富康轿车安装的免维护铅酸蓄电池,其状况可从铅酸蓄电池顶部的检查指示器看出。指示器指示为绿色,表明铅酸蓄电池电量充足;指示器指示为暗灰色,表明铅酸蓄电池需要充电;指示器指示为透明无色,表明铅酸蓄电池电解液已消耗到极限,铅酸蓄电池应当报废。

检查结果,免维护铅酸蓄电池电解液已消耗到极限,指示器为透明无色。更换免维护铅酸蓄电池即可。

3. 故障分析

免维护铅酸蓄电池性能较普通铅酸蓄电池性能优越,使用寿命较长。但在过充电电流冲击下同样会损坏。免维护铅酸蓄电池当检查指示器为暗灰色时,同样需要充电。持续充电需 3 天,充电电压为 13.9~14.9 V,充电电流小于 25 A。当铅酸蓄电池电解液从出气孔溢漏冒气或电解液温度高于 45 ℃时,每隔 1 h 就要查看充电状态,至指示器出现绿点,则充电完毕。

任务六　电动汽车用蓄电池

汽车上所用的铅酸蓄电池比能量小，需经常充电，因此，不宜作为电动汽车的动力源。电动汽车上使用的蓄电池应符合以下要求：使用寿命长、比能量高、使用持续里程长、质量小、充放电性能好。目前电动汽车用蓄电池的种类很多，例如镍-镉（Ni-Cd）电池、氢-镍（H-Ni）电池、钠-硫（Na-S）电池、锂电池、锌-空气电池、燃料电池、太阳能电池、飞轮电池、超级电容电池等。

一、相关专业术语

比能量，又称能量密度，是指单位质量或体积的电池所能输出的有效电能。比能量可分为质量比能量和体积比能量，前者的单位是瓦·时/千克（W·h/kg），后者的单位为瓦·时/升（W·h/L）。

比功率，又称功率密度，是指单位质量或体积的电池所能输出的功率，单位为瓦/千克（W/kg），或瓦/升（W/L）。

二、铅酸蓄电池

铅酸蓄电池的优点：可靠性好、原材料易得、价格便宜。

铅酸蓄电池的缺点：比能量低（35~45 W·h/kg），所占的质量和体积太大，且一次充电行驶里程较短；使用寿命短（300~400次）。

三、镍-镉（Ni-Cd）电池

镍-镉电池是指采用金属镉作负极活性物质，氢氧化镍作正极活性物质的碱性蓄电池，如图2-28所示。正、负极材料分别填充在穿孔的附镍钢带（或镍带）中，经拉浆、滚压、烧结、化成、涂膏、烘干、压片等方法制成极板；用聚酰胺非织布等材料作隔离层；用氢氧化钾水溶液作电解质溶液；电极经卷绕或叠合组装在塑料或镀镍钢壳内。

图2-28　镍-镉电池

镍-镉电池标称电压为1.2 V，有圆柱密封式（KR）、扣式（KB）、方形密封式（KC）等多种类型。

镍-镉电池的比能量可达53 W·h/kg，其比功率超过190 W/kg；可以快速充电，过充放电性能好；能以较大电流放电，深度放电性能好；使用温度范围宽，循环使用寿命较长。但存在"记忆"效应，常因规律性的不正确使用造成电性能下降。

四、氢-镍（H-Ni）电池

氢-镍电池使用氢氧化镍为正极活性物质，储氢合金（金属氢化物）作负极活性物质，氢氧化钾水溶液作电解液，为绿色环保型电池，如图2-29所示。

氢-镍电池的优点：循环使用寿命可望超过2 000次，是铅酸蓄电池的3倍以上，无记忆效应，比能量可望超过80 W·h/kg，比功率也较高（800 W/kg）。

氢-镍蓄电池的缺点：价格较高。

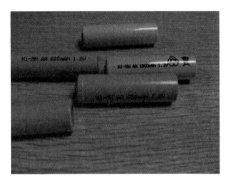

图2-29 氢-镍电池

五、钠-硫（Na-S）电池

钠-硫电池是由熔融电极和固体电解质组成，负极的活性物质为熔融金属钠，正极活性物质为液态硫和多硫化钠熔盐，如图2-30所示。目前所用电解质材料为$Na-\beta-Al_2O_3$，只有温度在300 ℃以上时，$Na-\beta-Al_2O_3$才具有良好的导电性。因此，为了保证钠-硫电池的正常运行，钠-硫电池的运行温度应保持在300~350 ℃，这个运行温度使钠-硫电池作为车载动力电池，其安全性降低，使电解质破损，从而造成安全性问题。

钠-硫电池的优点：电池体积小，容量大，其理论比能量可高达760 W·h/kg，目前实际上达到300 W·h/kg，而且充电持续里程长、循环寿命长，可大电流、高功率放电，自放电率低。

钠-硫电池的缺点：其工作温度在300~350 ℃，所以需要一定的加热保温。但因为高温腐蚀严重，电池寿命较短（采用真空绝热保温可达1 200次）。

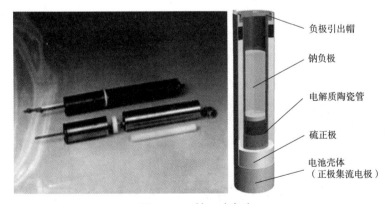

图2-30 钠-硫电池

六、锂电池

锂电池的优点：电压高、比能量高（155 W·h/kg）、比功率高（315 W/kg）、无污染、无记忆效应、使用寿命长（>1 000次）。

锂电池的缺点：成本较高，必须要有特殊的保护电路。

锂电池有锂离子电池、高温锂熔盐电池、锂聚合物电池（常温）及锂聚合物固体电解质电池（常温）。锂离子电池工作电压为3.6 V，是氢-镍和镍-镉电池工作电压的3倍。其中磷酸铁锂电池和三元锂电池也较常使用。

1. 磷酸铁锂电池

磷酸铁锂电池如图2-31所示，电池材料中并不含有重金属成分，因此价格相对低廉，而且热稳定性高，可高达800 ℃，因此安全性好。但在低温下，它有着难以克服的障碍。

2. 三元锂电池

如表2-5所示，磷酸铁锂电池的低温特性表现很差，并不能适合在低温环境下工作，而三元锂电池就不同了，它的低温特性相对较好。

图2-31 磷酸铁锂电池

表2-5 三元锂电池与磷酸铁锂电池的性能与温度的关系

三元锂电池			
温度/℃	容量/(A·h)	放电平台/V	相对25 ℃时的容量/%
55	8.581	3.668	99.36
25	8.636	3.803	100.00
-20	6.058	3.411	70.14
磷酸铁锂电池			
温度/℃	容量/(A·h)	放电平台/V	相对25 ℃时的容量/%
55	7.870	3.271	100.20
25	7.860	3.240	100.00
-20	4.320	2.870	54.94

但在之前，三元锂电池（见图2-32）的自燃事件引发了人们对其产生的质疑，因为其热稳定性不好，在高温下容易化学燃烧，但这并不能阻止三元锂电池的发展，因为这些稳定因素是可以通过技术手段来控制的。

七、锌-空气电池

锌-空气电池充电时，正极是空气电极，活性物质是空气中的氧，负极是纯锌电极，电解液为KOH水溶液。锌-空气电池是一种半蓄电半燃料电池。首先，负极活性物质同锌、锰、铅等蓄电池一样封装在电池内部，具有蓄电池的特点；其次，正极活性物质来自电池外部的空气中所含的氧，理论上有无限容量，是燃料电池的典型特征。锌-空气电池的工作电压为1.1~1.4 V，放电终止电压为0.9 V。如图2-33所示为锌-空气电池的反应机理。

图 2-32 三元锂电池箱

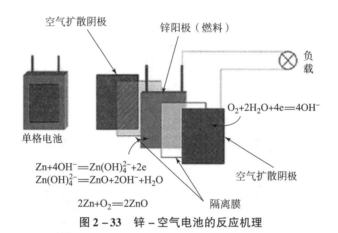

图 2-33 锌-空气电池的反应机理

锌-空气电池的优点：比能量可达 400 W·h/kg，体积小，抽换锌极"充电"，速度快，正负极材料便宜。因其具有安全、零污染、高能量、大功率、低成本及材料可再生等优点，被认为是装备电动汽车等的理想动力电源。

锌-空气电池的缺点：放电时需要空气中的氧气，无法密封，结构问题难以解决。

八、镍-锌（Ni-Zn）电池

镍-锌电池，如图 2-34 所示，正极为镍电极，主要活性材料是 $Ni(OH)_2$，可分为烧结式和非烧结式。非烧结式正极较烧结式正极，具有高容量、高活性的特点，一般采用孔隙率较高的纤维镍或泡沫镍材料作为支架，涂覆球形氢氧化镍即得镍正极。

镍-锌电池的负极为锌电极，主要制备方法有涂膏法、电沉积法、压成法、化成法和烧结法等。锌负极可以做成充电态和放电态两种，主要取决于初始材料是 ZnO（充电态）还是 Zn（放电态）。

图 2-34 镍-锌电池

其电解液为氢氧化钾溶液。负极活性物质 ZnO 是两性氧化物，在碱性电解液中有一定的溶解性，这直接影响着锌负极活性物质的利用率。因此，通常在电解液中会添加少量 LiOH。正极的活性物质颗粒表面上会吸附 Li，避免活性物质颗粒聚结，电极活性物质的利用率提高，Li 还能防止电极膨胀，改善电极反应的可逆性和充电过程中的析氧极化，延长电极的使用寿命。

镍－锌电池的优点：高比能量（60 W·h/kg）、高比功率和大电流放电，自行放电量低，使用寿命较长（>500 次）。

镍－锌电池的缺点：价格仍稍贵。

九、飞轮电池

飞轮电池是 20 世纪 90 年代才提出的新概念电池，它突破了化学电池的局限，用物理方法实现储能。众所周知，当飞轮以一定角速度旋转时，它就具有一定的动能。飞轮电池正是以其动能转换成电能。高技术型的飞轮用于储存电能，很像标准电池。

如图 2-35、图 2-36 所示，飞轮电池中有一个电机，充电时该电机以电动机形式运转，在外电源的驱动下，电机带动飞轮高速旋转，即用电给飞轮电池"充电"增加了飞轮的转速，从而增大其功能；放电时，电机则以发电机状态运转，在飞轮的带动下对外输出电能，完成机械能（动能）到电能的转换。

图 2-35 飞轮电池

1. 飞轮电池的优点

飞轮电池用物理方法实现储能，兼顾了化学电池、燃料电池和超导电池等储能装置的诸多优点，主要有以下几个方面：

（1）能量密度高：比能量可达 100~200 W·h/kg，比功率可达 5 000~10 000 W/kg。

（2）能量转换效率高：工作效率高达 90%。

（3）体积小、质量轻：飞轮直径为二十多厘米，总质量在十几千克。

（4）工作温度范围宽：对环境温度没有严格要求。

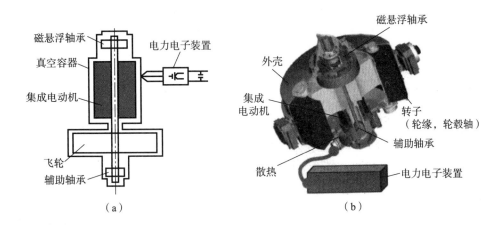

图 2 – 36 飞轮电池的结构
(a) 结构简图；(b) 具体结构

（5）使用寿命长：不受重复深度放电影响，能够循环几百万次运行，预期寿命 20 年以上。

（6）低损耗、低维护：磁悬浮轴承和真空环境使机械损耗可以被忽略，系统维护周期长。

2. 飞轮电池的缺点

（1）由于在实际工作中，飞轮的转速可达 40 000 ~ 50 000 r/min，一般金属制成的飞轮无法承受这样高的转速，容易解体，所以飞轮一般都采用碳纤维制成，制造飞轮的碳纤维材料目前还很贵，成本比较高。

（2）飞轮一旦充电，就会不停转动下去。当不用电时，飞轮还在那里转动，浪费了能量。解决的办法：给飞轮电池配备化学充电电池，当不需要用电时，可把飞轮转动的电能充进化学电池中。但是给飞轮电池配备化学电池带来的问题是增加了汽车或设备的重量。

十、超级电容电池

超级电容电池的容量比通常的电容器大得多。由于其容量很大，对外表现和电池相同，因此也称作"电容电池"或说"黄金电池"。超级电容电池也属于双电层电容器，它是目前世界上已投入量产的双电层电容器中容量最大的一种，其基本原理和其他种类的双电层电容器一样，都是利用活性炭多孔电极和电解质组成的双电层结构获得超大的容量。

图 2 – 37 超级电容电池

超级电容电池通过极化电解质来储能，其储能的过程并不发生化学反应，因此这种储能过程是可逆的，可反复充放电数十万次。如图 2 – 37、图 2 – 38 所示为超级电容电池及其在混合动力汽车上的应用。

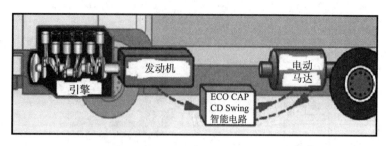

图 2-38 超级电容电池在混合动力汽车上的应用模式

超级电容电池的优点：

（1）体积小，充电速度快，只要充电几十秒到几分钟就可达到其额定容量的 95% 以上；而现在使用面积最大的铅酸蓄电池充电通常需要几个小时。

（2）循环使用寿命长，深度充放电循环使用次数可达 50 万次，如果对超级电容电池每天充放电 20 次，连续使用可达 68 年。如果相应地和铅酸蓄电池相比，不仅使用寿命长，而且没有"记忆效应"。

（3）大电流放电能力超强，能量转换效率高，过程损失小，大电流能量循环效率 $\geq 90\%$。

（4）比功率高，可达 300~5 000 W/kg，相当于普通电池的数十倍；比能量大大提高，铅酸蓄电池一般只能达到 200 Wh/kg，而超级电容电池目前研发已可达 10 kWh/kg。

（5）产品原材料构成、生产、使用、储存以及拆解过程均没有被污染，是理想的绿色环保电源。

（6）充放电线路简单，无须充电电池那样的充电电路，安全系数高，长期使用免维护。

（7）超低温特性好，使用环境温度范围宽达 $-40 \sim +70$ ℃。

（8）检测方便，剩余电量可直接读出。

（9）单体容量范围通常为 0.1~3 400 F。

（10）超级电容电池可焊接，因而不存在电池接触不牢固等问题。

超级电容电池的缺点：耐压低，如果使用不当会造成电解质泄漏等现象，不可用于交流电路。

十一、燃料电池

燃料电池是一种把燃料所具有的化学能直接转换成电能的化学装置，又称电化学发电器。它是继水力发电、热能发电和原子能发电之后的第四种发电技术。燃料电池能量转换效率高，没有机械传动部件，无噪声污染，排放出的有害气体极少。

燃料电池的种类很多，如图 2-39 所示为燃料电池的反应机理。

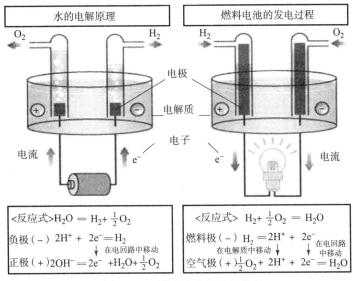

图 2-39 燃料电池的反应机理

项目小结

(1) 蓄电池是一种既能将化学能转化为电能，也能将电能转换为化学能的可逆低压直流电源。

(2) 蓄电池在发动机起动时供电，在发动机停止或急速时也由蓄电池供电。

(3) 每当出现供电需求超出发电机输出时，蓄电池也参与供电。

(4) 蓄电池可以缓和电气系统中的冲击电压。

(5) 铅酸蓄电池主要包括极板、隔板、电解液和外壳等。

(6) 铅酸蓄电池正极板上的活性物质是二氧化铅 PbO_2，负极板上的活性物质是海绵状纯铅 Pb。

(7) 电解液由蒸馏水和纯硫酸组成，其密度为 1.24~1.30 g/cm³。

(8) 铅酸蓄电池在放电过程中，正负极板上的活性物质都转变为硫酸铅 $PbSO_4$。

(9) 干荷电蓄电池在加入电解液，静置 20~30 min 后即可投入使用。

(10) 蓄电池的型号中第一部分表示蓄电池的单格数，第二部分表示蓄电池的类型，第三部分表示蓄电池特征，第四部分表示额定容量，第五部分表示特殊性能。

(11) 铅酸蓄电池放电终了的特征是单格电压降低到最低允许值，电解液密度下降到最低许可值。

(12) 铅酸蓄电池充电终了的特征是单格电压上升到最大值，电解液密度上升到最大值，电解液呈沸腾现象。

(13) 蓄电池容量的单位为（A·h）。

(14) 影响蓄电池容量的因素有：放电电流、电解液温度和电解液密度。

(15) 接通起动机的时间不要超过 5 s，两次起动之间的间隔不少于 15 s。

(16) 如果能确认蓄电池的电解液没有泄漏，在电解液不足时，应补加蒸馏水。

(17) 蓄电池的充电方法有定流充电、定压充电和快速充电等。

(18) 充电种类有初充电、补充充电、去硫化充电等。

(19) 铅酸蓄电池极板硫化的原因主要是充电不足、电解液不足等。

(20) 蓄电池技术状况的检测包括电解液液面高度的检查、电解液密度的检测等。

(21) 一般情况下,电解液密度每下降 0.01 g/cm³ 相当于放电 6%。

习题与思考

一、选择题

1. 铅酸蓄电池的内阻大小主要取决于(   )。
   A. 极板的电阻   B. 电解液的电阻   C. 隔板的电阻

2. 铅酸蓄电池亏电长期放置不用,容易造成(   )。
   A. 极板硫化   B. 极板短路   C. 活性物质脱落

3. 铅酸蓄电池额定容量与(   )有关。
   A. 单格数   B. 电解液数量   C. 单格内极板片数   D. 温度

4. (   )铅酸蓄电池使用前,一定要经过初充电。
   A. 干荷电   B. 普通   C. 免维护

5. 铅酸蓄电池电解液密度一般为(   ) g/cm³。
   A. 1.24～1.28   B. 1.15～1.20   C. 1.35～1.40

6. 铅酸蓄电池在补充充电过程中,第一阶段的充电电流应选取其额定容量的(   )。
   A. 1/10   B. 1/15   C. 1/20

7. 下列原因哪一个可造成铅酸蓄电池硫化?(   )
   A. 大电流过充电   B. 电解液液面过高   C. 长期充电不足

8. 铅酸蓄电池在放电过程中,其电解液的密度(   )。
   A. 不断上升   B. 不断下降   C. 保持不变

9. 铅酸蓄电池在正常使用过程中,如发现电解液的液面下降,应及时补充(   )。
   A. 电解液   B. 稀硫酸   C. 蒸馏水

10. 铅酸蓄电池放电时,端电压逐渐(   )。
    A. 上升   B. 平衡状态   C. 下降   D. 不变

11. 铅酸蓄电池电解液的温度下降,会使其容量(   )。
    A. 增加   B. 下降   C. 不变

12. 铅酸蓄电池极板上的活性物质在放电过程中都转变为(   )。
    A. 硫酸铅   B. 二氧化铅   C. 铅

二、判断题

1. 汽车行驶中充电指示灯亮表示蓄电池处于充电状态。   (   )

2. 将铅酸蓄电池的正负极板各插入一片到电解液中,即可获得 12 V 的电动势。(   )

3. 在放电过程中,蓄电池的放电电流越大,其容量就越大。   (   )

4. 铅酸蓄电池主要包括极板、隔板、电解液和外壳等。   (   )

5. 铅酸蓄电池极板硫化的原因主要是长期充电不足、电解液不足。   (   )

6. 在一个单格铅酸蓄电池中，负极板的片数总比正极板多一片。　　　（　）
7. 在定压充电过程中，其充电电流也是定值。　　　　　　　　　　（　）
8. 蓄电池可以缓和电气系统中的冲击电压。　　　　　　　　　　　（　）
9. 如果将蓄电池的极性接反，后果是有可能将发电机的励磁绕组烧毁。（　）
10. 在放电过程中，铅酸蓄电池正负极板上的活性物质都转变为硫酸铅。（　）
11. 免维护蓄电池在使用过程中不需补加蒸馏水。　　　　　　　　　（　）
12. 铅酸蓄电池正极板上的活性物质是二氧化铅，负极板上的活性物质是海绵状纯铅。
　　　　　　　　　　　　　　　　　　　　　　　　　　　　　（　）

三、简答题

1. 为什么单格铅酸蓄电池内负极板比正极板多一片？
2. 汽车铅酸蓄电池产生硫化的原因是什么？怎样才能避免硫化和解决硫化？
3. 影响蓄电池容量的使用因素有哪些？应注意什么？

项目三

交流发电机及电压调节器

- 熟悉交流发电机的功用与结构；
- 掌握交流发电机的工作原理：发电原理、整流原理；
- 掌握电压调节器的工作原理及电压调节过程。

任务一　交流发电机的功用和结构

一、交流发电机的功用

目前汽车上所用的发电机最常见的是交流式发电机。它的主要作用是在发动机成功起动后向所有车载设备供电，包括给蓄电池充电。车载电源系统如图 3-1 所示。

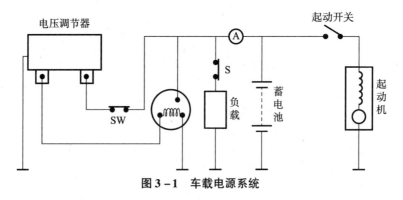

图 3-1　车载电源系统

二、交流发电机的结构

交流发电机主要由转子、定子、整流器、电刷组件、端盖、带轮、风扇等组成，如图 3-2 所示。

1. 转子

转子的功能是产生磁场。转子主要由爪极、磁轭、励磁绕组、滑环、转子轴等组成，其结构如图 3-3 所示。

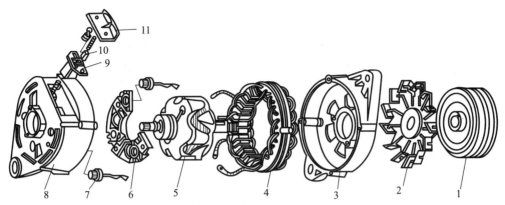

图 3-2 交流发电机结构

1—带轮；2—风扇；3—前端盖；4—定子总成；5—转子总成；6—整流板；7—整流二极管；
8—后端盖；9—电刷架；10—电刷；11—电刷弹簧压盖

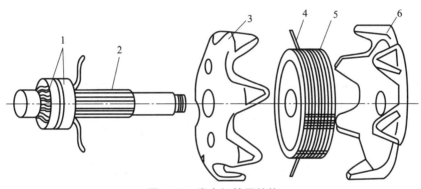

图 3-3 发电机转子结构

1—滑环；2—转子轴；3，6—爪极；4—励磁绕组；5—磁轭

两个滑环分别与励磁绕组的两端相连。当给两滑环通入直流电时，励磁绕组中就有电流通过，并产生轴向磁通，使爪极一块被磁化为 N 极，另一块被磁化为 S 极，从而形成 6 对（或 8 对）相互交错的磁极。当转子转动时，便形成了旋转的磁场。

2. 定子

定子的功能是产生交流电。定子由定子绕组和铁芯组成，如图 3-4、图 3-5 所示。

3. 整流器

整流器的功能是将定子绕组产生的三相交流电变为直流电，因为车载用电设备为低压直流用电设备。整流器由整流二极管和整流板组成，如图 3-6 所示。整流二极管分正二极管和负二极管。引线为二极管正极的为正二极管，引线为二极管负极的为负二极管。交流发电机整流板的三维示意图如图 3-7 所示。

有些发电机的整流器采用 9 只二极管，增加的是 3 只小功率磁场二极管，专门用来供给励磁电流，这样可以提高发电机的电压调节精度。另外，有些发电机为了提高发电机高速时的输出功率，增加了 2 只二极管对中性点电压进行整流，汇入发电机的输出端，同时具备上述两种功能的发电机整流器共有 11 只硅二极管，如图 3-8 所示。

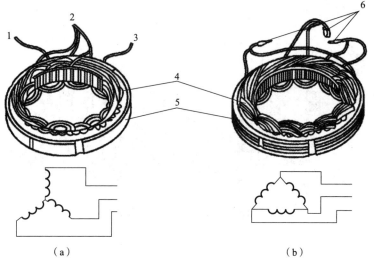

图3-4 交流发电机定子结构及绕组连接方式

(a) 定子绕组星形连接；(b) 定子绕组三角形连接

1，3，6—接整流二极管；2—中性接点；4—定子绕组；5—定子铁芯

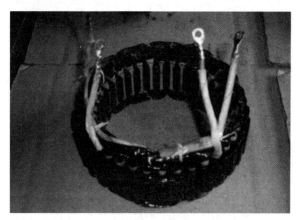

图3-5 交流发电机定子线圈实物

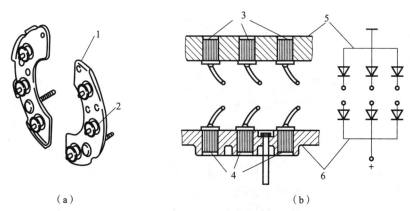

图3-6 整流器结构图及安装示意图

(a) 结构图；(b) 硅二极管的安装示意图

1—整流板；2—整流二极管；3—负二极管；4—正二极管；5—负整流板；6—正整流板

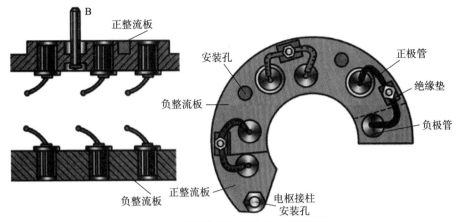

图 3-7 交流发电机整流板三维示意图

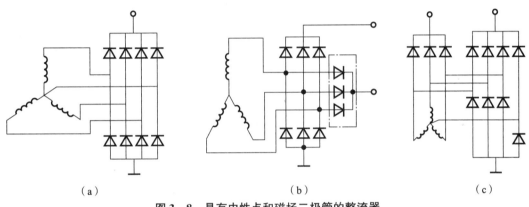

图 3-8 具有中性点和磁场二极管的整流器
(a) 具有中性点二极管；(b) 具有磁场二极管；(c) 具有中性点和磁场二极管

4. 电刷组件

电刷组件由电刷、电刷弹簧和电刷架组成，如图 3-9 所示。电刷的作用是将电源通过滑环引入励磁绕组。两个电刷分别装在电刷架的孔内，借助弹簧压力与滑环保持良好接触。端盖用非导磁材料铝合金制成，在后端盖内装有电刷和电刷架。

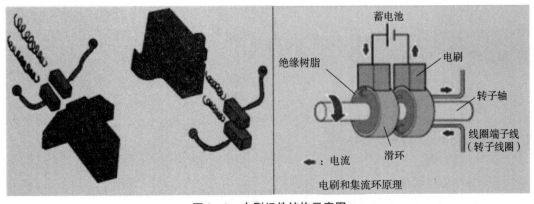

图 3-9 电刷组件结构示意图

任务二 交流发电机的工作原理

汽车所用交流发电机是一个三相同步交流发电机，通过硅二极管组成的三相桥式整流电路将定子绕组所产生的交流感应电流变为直流电流输出，所以也称之为硅整流交流发电机。

一、交流发电机的发电原理

三相同步交流发电机的工作原理如图3-10所示。发电机的转子为磁极，磁极绕组通过电刷和滑环引入直流电而产生磁场；发电机的定子为电枢，三相电枢绕组按一定的规律分布在定子的槽中，彼此相差120°电角度。

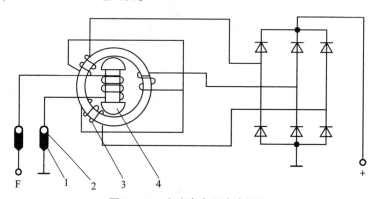

图3-10 交流发电机发电原理
1—电刷；2—滑环；3—定子绕组；4—转子

当转子旋转时，产生一个旋转的磁场，使得相对静止的电枢绕组切割磁力线而产生感应电动势。通过对磁极铁芯的特殊设计使磁场近似于正弦规律分布，因此三相电枢绕组A、B、C产生的感应电动势按正弦规律变化：

$$e_A = \sqrt{2}E\sin\omega t$$
$$e_B = \sqrt{2}E\sin\left(\omega t - \frac{2\pi}{3}\right) \quad (3-1)$$
$$e_C = \sqrt{2}E\sin\left(\omega t - \frac{4\pi}{3}\right)$$

式（3-1）中，ω为电角速度（s^{-1}），E为每相绕组电动势的有效值（V），分别由式（3-2）、式（3-3）所示：

$$\omega = 2\pi f = \frac{\pi pn}{30} \quad (3-2)$$

$$E = 4.44 KfN\phi_m \quad (3-3)$$

式中　f——交流电压的频率（Hz）；
　　　p——极对数；
　　　n——发电机转速（r/min）；
　　　K——绕组系数，采用整距集中绕组时，$K=1$；
　　　N——每相绕组匝数；

ϕ_m——每极磁通的幅值（Wb）。

二、整流的原理

交流发电机通过 6 只二极管组成三相桥式整流电路，三相桥式整流产生的三相交流电动势转为直流电流输出，其工作原理如图 3-11 所示。

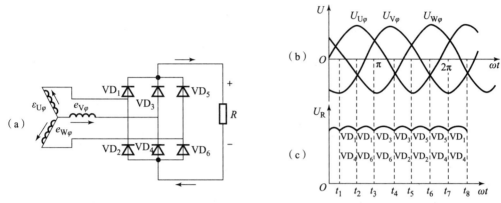

图 3-11 交流发电原理

(a) 三相桥式整流电路；(b) 三相电压波形；(c) 负载电压波形

1. 二极管导通情况

根据二极管的单向导电性，在任一瞬时，负极连接在一起的 VD_1、VD_3、VD_5 二极管只能是正极电位最高的那只二极管导通，因为正极电位最高的二极管导通后，就使另两只二极管的负极电位高于正极而不能导通；而正极连接在一起的 VD_2、VD_4、VD_6 二极管只能是负极电位最低的那只二极管导通，因为该二极管导通后，就使另两只二极管的正极电位低于负极而不能导通。比如，在 $t_1 \sim t_2$ 时间内，U 相电压最高，V 相电压最低，VD_1、VD_4 导通；而在 $t_2 \sim t_3$ 时间内，U 相电压最高，W 相电压最低，VD_1、VD_6 导通。

2. 发电机的端电压

从二极管导通情况可知，三相交流通过整流后加在负载上的是一个脉动直流电压，在任一瞬时，负载上的电压为某两相电动势之和（线电压），其电压波形如图 3-11 (c) 所示。交流发电机输出电压的平均值为：

$$U_L = 2.34U \text{（星形连接）}, \quad U_L = 1.35U \text{（三角形连接）}$$

式中　U_L——三相绕组的线电压有效值；

　　　U——三相绕组的相电压有效值。

三、励磁方式

将电流引入到励磁绕组使之产生磁场称为励磁，交流发电机有两种励磁方式：自励和他励。

自励：由发电机自身供给励磁绕组电流发电的方式。

他励：由蓄电池供给励磁绕组电流而发电的方式。

发动机起动过程中由蓄电池自身供电励磁线圈，为他励过程，当发动机成功起动以后，发电机正常发电，对外输出电压高于蓄电池电压，此时蓄电池被充电，励磁线圈由发电机自身供电，为自励磁环节。具体励磁回路如图3-12所示。

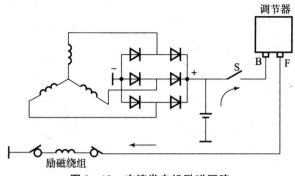

图3-12 交流发电机励磁回路

直流发电机可以通过磁极的剩磁作用建立电压并自激发电，但交流发电机由于其磁极的剩磁很弱，在发电机的工作转速范围，电枢绕组切割剩磁产生的微弱电动势不能达到二极管正向导通电压（硅二极管为0.6～0.7 V），因此就不能建立电压并自激发电。

交流发电机的励磁绕组通过调节器与发电机电枢接柱连接，如图3-12所示，在发电机低于蓄电池电压时，调节器的B-F之间通路，这时发电机励磁绕组由蓄电池提供励磁电流；一旦发电机的电压高于蓄电池电压时，则由发电机自激发电。

❀ 任务三 交流发电机工作特性及型号

一、交流发电机的工作特性

汽车用交流发电机的特点是其工作转速变化范围大、输出电流不稳定。因此，了解交流发电机的工作特性对交流发电机的正确使用与维护具有指导意义。

1. 空载特性

空载特性是指交流发电机空载时，交流发电机端电压 U 与其转速 n 之间的关系。

交流发电机空载特性曲线如图3-13所示，从曲线的上升速率和达到蓄电池电压的转速高低可判断交流发电机的性能是否良好。

2. 外特性

外特性是指交流发电机转速一定时，交流发电机的端电压与其输出电流之间的关系，如图3-14所示。

交流发电机在某一稳定的转速下 R_z（R_z 为一个随转速变化的电阻）为一定值，如果 E 是稳定的，则交流发电机的端电压 U 将随输出电流增大而呈直线下降。但实际上交流发电机的端电压随输出电流的增大下降得更多，这是因为 E 也随 I 的增大而下降了。

3. 输出特性

输出特性是指保持交流发电机的端电压不变时，交流发电机的输出电流与其转速之间的关系。即：$U=U_e$ 时，$I=f(n)$ 的曲线。交流发电机的输出特性曲线如图3-15所示。

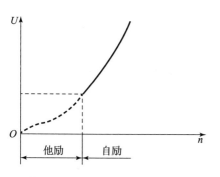

图 3-13 交流发电机空载特性

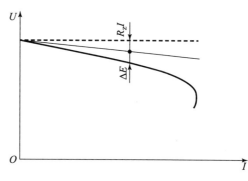

图 3-14 交流发电机外特性

图 3-15 中，n_1 为交流发电机空载转速，n_2 为交流发电机满载转速。交流发电机的空载转速和满载转速是判断交流发电机性能是否良好的重要参数。

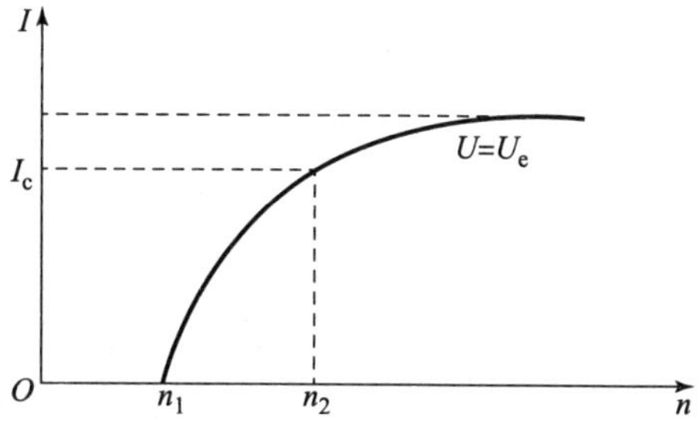

二、交流发电机的分类与型号

1. 分类

（1）按整流器二极管数目分，可分为 6 管、8 管、9 管、11 管交流发电机。

图 3-15 输出特性曲线

（2）按照励磁方式分，可分为内搭铁与外搭铁交流发电机。

内搭铁指的是励磁绕组的负极直接与壳体相连接搭铁，外搭铁指的是励磁绕组通过电压调节器，经由电压调节器的内部搭铁。

（3）按总体分，可分为普通、整体、带泵、永磁以及无刷交流发电机。

2. 型号

汽车交流发电机型号由产品代号、电压等级代号、电流等级代号、设计序号、变形代号五部分组成，如图 3-16 所示。

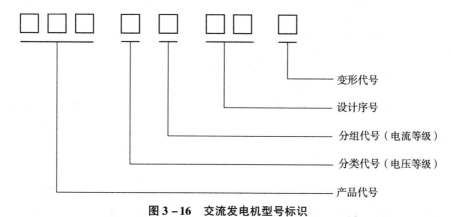

图 3-16 交流发电机型号标识

（1）产品代号。交流发电机的产品代号有 JF、JFZ、JFB 和 JFW 共 4 种，分别表示交流发电机、整体式交流发电机、带泵式交流发电机和无刷交流发电机。

（2）电压等级代号。交流发电机的电压等级代号用1位阿拉伯数字表示，其含义如表3-1所示。

表3-1 电压等级代号含义

电压等级代号	1	2	3	4	5	6
电压等级/V	12	24	—	—	—	6

（3）电流等级代号。交流发电机的电流等级代号用1位阿拉伯数字表示，其含义分别如表3-2所示。

表3-2 电流等级代号含义

电流等级代号	1	2	3	4	5	6	7	8	9
电流等级/A	~19	≥(20~29)	≥(30~39)	≥(40~49)	≥(50~59)	≥(60~69)	≥(70~79)	≥(80~89)	≥90

（4）设计序号。设计序号按产品设计先后顺序，由1~2位阿拉伯数字组成。

（5）变形代号。交流发电机以调整臂位置作为变形代号。从驱动端看，在中间不加标记，在左边时用Z表示，在右边时用Y表示。

任务四 电压调节器的作用及原理

一、电压调节器的作用

从发电机各电枢绕组电动势与发电机的转速和磁极的磁通成正比可推出：

$$E = C \times \varphi \times n$$

式中 E——交流发电机等效电动势；
C——发电机结构常数；
φ——交流发电机磁通；
n——交流发电机转速。

汽车用交流发电机工作时其转速很不稳定且变化范围很大，若对交流发电机不加以调节，其端电压将随发动机转速的变化而变化，这与汽车用电设备要求电压恒定相矛盾。因此，交流发电机必须要有1个自动的电压调节装置。交流发电机电压调节器的作用就是当发动机转速变化时，自动对交流发电机的电压进行调节，使交流发电机的电压稳定，以满足汽车用电设备的要求。

二、电压调节器的工作原理

由于交流发电机的电动势及端电压与磁极磁通量也成正比关系，因此当交流发电机转速上升而使交流发电机的电压上升时，可以通过适当地减小磁极磁通量的方法使交流发电机电压保持稳定。

汽车用交流发电机电压调节器调节电压的方法如图3-17（a）所示。电压调节器动作的控制参量为交流发电机电压，即当交流发电机的电压达设定的上限值 U_1 时，电压调节器动作，使励磁绕组的励磁电流 I_f 下降或断流，从而减弱磁极磁通量，致使交流发电机电压下降；当交流发电机电压下降至设定的下限值 U_2 时，电压调节器又动作，使 I_f 增大，磁通量加强，交流发电机电压又上升；当交流发电机的电压上升至 U_1 时又重复上述过程，使交流发电机的电压在设定的范围内波动，得到一个稳定的平均电压 U_e。当交流发电机在某一转速下电压调节器起作用后，交流发电机电压波形如图 3-17（b）所示。

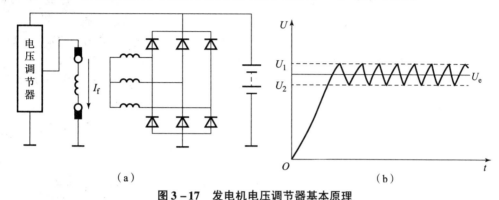

图 3-17 发电机电压调节器基本原理

（a）交流发电机电压调节器原理图；（b）交流发电机电压调节器工作时的电压波形

三、电压调节器的种类

1. 触点式电压调节器

触点式（电磁式）电压调节器应用较早，这种调节器触点振动频率慢，存在机械惯性和电磁惯性，调节精度低，触点易产生火花，对无线电干扰大，可靠性差，寿命短，现已被淘汰。

触点式电压调节器工作原理如图 3-18 所示。当交流发电机转速低、电压低时，电磁铁的吸力不足以吸开触点，触点闭合，励磁电流通过触点，磁场不减弱。当交流发电机转速升高，电压上升时，电磁铁的吸力足以将触点打开，励磁电流通过电阻，励磁电流减小，磁场减弱，电压下降。

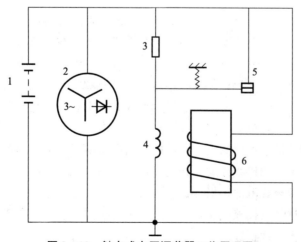

图 3-18 触点式电压调节器工作原理图

1—蓄电池；2—交流发电机；3—电阻；4—励磁绕组；5—触点；6—电磁铁

2. 晶体管式电压调节器

晶体管式电压调节器，也叫电子电压调节器，以稳压管作为感受元件，控制晶体三极管的通断来调节励磁电流，使交流发电机电压保持稳定，其工作原理如图 3-19 所示。在交流发电机电压较低的情况下，分压器中间 O 点电压也较低，此时稳压管处于截止状态，此状态经放大器放大，给三极管的基极一个高电位信号，使三极管导通，励磁电流可以通过三极管流入交流发电机励磁绕组，使交流发电机电压上升，当电压上升到电压调节器调整值时，O 点电压升高至稳压管的击穿电压，稳压管被击穿，此信号经放大器放大后给三极管一个低电位信号，使三极管截止，切断了励磁电流，交流发电机无励磁电流，电压便下降，这样又使三极管导通，如此反复，使交流发电机的电压稳定在一定值。电子电压调节器共有 3 个接线柱，即 "+" "F" 和 "-"，在接线时不能接错。如图 3-19 所示为交流发电机和调节器的两种接线方式。图 3-19（a）为内搭铁式，调节器装在发电机与点火开关之间，交流发电机励磁绕组有一端搭铁。图 3-19（b）为外搭铁式，调节器装在交流发电机励磁绕组与搭铁之间，交流发电机励磁绕组无搭铁端，调节器控制励磁绕组搭铁。

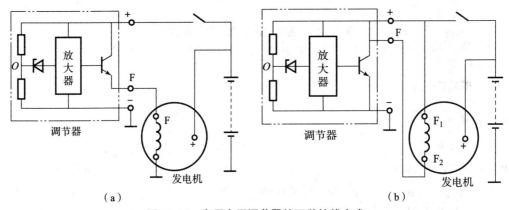

图 3-19 电子电压调节器的两种接线方式
（a）内搭铁式；（b）外搭铁式

3. 集成电路电压调节器

集成电路电压调节器又称 IC 电压调节器。与分立元器件的晶体管式电压调节器一样。所不同的是在集成电路电压调节器上，所有的晶体管都集成在一块基片上，实现了调节器的小型化，并可将其装在交流发电机内部，减少了外部线，缩小了整个充电系统的体积。

集成电路电压调节器可分为全集成电路电压调节器和混合集成电路电压调节器两类。前者是将二极管、三极管、电阻、电容等电子元件同时制在一块硅基片上，后者是用厚膜或薄膜电阻与集成的单片芯片或分立元件组装而成。

集成电路电压调节器根据检测电压的不同有发电机电压检测法和蓄电池电压检测法，前者为三接线柱式，后者为四接线柱式，如图 3-20 和图 3-21 所示。B 为交流发电机输出端子，用一根粗导线连接至蓄电池正极或起动机上；IG 通过导线连接至点火开关；L 为充电指示灯连接端子，通过线束接充电指示灯或充电指示继电器。S 为调节器的电压检测端子，通过导线束直接连接蓄电池正极。

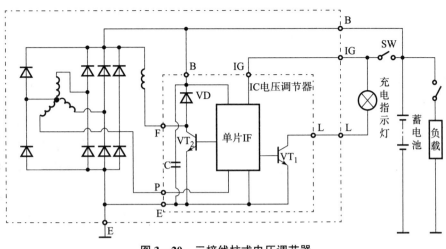

图 3-20 三接线柱式电压调节器

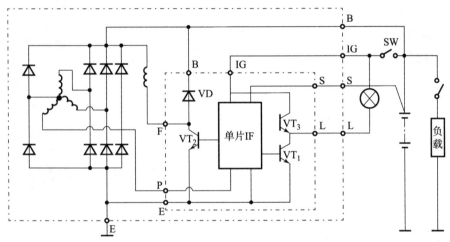

图 3-21 四接线柱式电压调节器

4. 电脑控制式电压调节器

电脑控制式电压调节器是现在轿车采用的一种新型电压调节器，电脑控制式电压调节器的工作原理如图 3-22 所示。在汽车电路中有一个负载检测仪，检测电路中总电流负载大小，并送信号到电脑。

电压调节器 C 接线端子将交流发电机电压信号送到电脑，电脑根据这两个信号判断磁场电路应该接通还是断开，然后输出控制信号到 FR 端子，驱动电压调节器的控制电路，适时地接通和断开励磁绕组电路，以此控制交流发电机的输出电压。

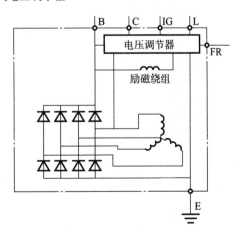

图 3-22 电脑控制式电压调节器工作原理

任务五　新型交流发电系统介绍

随着汽车电控技术的发展，交流发电机及电压调节器不再是单纯的单一部件，它们与车辆其他控制单元一起组成了车载能量管理系统，使得车辆的能量利用率进一步提高。下面结合大众车系车载交流发电机对新型交流发电系统进行简介。

大众的电源系统先后经历了新、老两代的发展，新的车系电源系统由蓄电池、发电机（集成电脑控制式电压调节器）、中央控制电脑等部分构成，带有智能负荷管理功能，具体结构如图3－23所示。

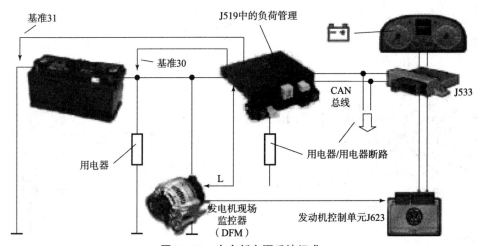

图3－23　大众新电源系统组成

新大众发电系统电路示意图如图3－24所示。

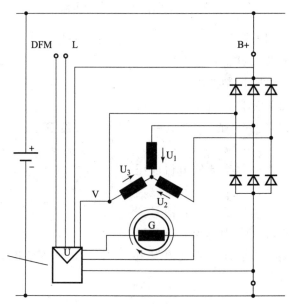

图3－24　新大众发电系统电路示意图

结合图 3-23、图 3-24 可知，新型发电机采用的是 6 管式整流电路，只有功率二极管，取消了原先的 3 个励磁二极管。励磁电流来源于蓄电池的正极，电脑控制式电压调节器 U 被集成在发电机内部，V 线用于采集发电机端电压，电脑控制式电压调节器 U 通过两根线 L、DFM 分别与车载电网控制单元 J519、发动机控制单元 J623 相连。

起动过程中，J519 通过 L 线发送低电平给电压调节器控制电脑 U，U 收到该型号后控制励磁线圈的励磁电流为 0，这样发电机旋转过程中不存在切割磁场的问题也就不会对发动机产生较大的负荷，同时也不需消耗过多的蓄电池能量，当发动机转速达到一定稳定值时，J519 向 L 线输出 12 V 高电压，电压调节器控制电脑收到该电压后开始产生励磁电流。

起动完成后，发动机控制单元 J623 通过 DFM 线以占空比的形式告知当前发动机的负荷，以使电压调节器 U 调制出最佳功率输出（发电机输出电压和电流）。

在改型电脑控制式电压调节器中，电脑不仅监测发电机端电压，还和车载电网控制单元、发动机控制单元组成了一个能量最优管理网络，不再是单纯的电压调节。

项目小结

（1）交流发电机的主要功能是与蓄电池组成车载电源系统为车辆提供电能。

（2）交流发电机包括定子、转子、整流器及风扇等附件。

（3）交流发电机是利用转子切割定子中的磁场产生电动势，电动势的大小与转子切割转速、定子励磁电流的大小成正比。

（4）交流发电机的特性包括空载特性、外特性、输出特性等。

（5）汽车交流发电机型号由产品代号、电压等级代号、电流等级代号、设计序号、变形代号 5 部分组成。

（6）电压调节器是利用交流发电机的电动势及端电压与磁极磁通量成正比关系实现调压功能的，因此当交流发电机转速上升而使交流发电机的电压上升时，电压调节器通过适当地减小磁极磁通量的方法可使交流发电机电压保持稳定。

（7）电压调节器发展经历了触点式、晶体管式及电脑控制式发展阶段。

（8）新型交流发电系统与发动机控制系统、车辆控制系统等一起组成智能能量管理网络。

习题与思考

一、填空题

1. 外搭铁式电压调节器中的大功率三极管是接在调节器的_____接线柱和_____接线柱之间。

2. 在发电机发电电压低和未发电时，由_____为车辆的所有用电设备提供电源。

3. 普通交流发电机一般由_____、_____、_____、_____、_____及前后端盖组成。

4. 晶体管式电压调节器是利用晶体管的_____特性，来控制交流发电机的励磁电流，使交流发电机的输出电压保持恒定。

5. 交流发电机典型定子有_____相。

输出特性是指保持发电机的_____不变时，发电机的_____与发电机_____之间的关系。

6. 交流发电机中防止蓄电池反向电流的零部件为_____。

7. 交流发电机的励磁方式是先_____、后_____。

二、选择题

1. 交流发电机中性点输出电压是交流发电机输出电压的（　　）
   A. 1/5　　　　　　B. 1/4　　　　　　C. 1/3　　　　　　D. 1/2

2. 硅整流交流发电机的每相定子绕组通常用（　　）个二极管整流。
   A. 2　　　　　　　B. 4　　　　　　　C. 6　　　　　　　D. 8

3. 发动机正常运转，交流发电机（　　）时，对蓄电池进行充电。
   A. 不发电　　　　　　　　　　　　　B. 电动势低于蓄电池电动势
   C. 电动势高于蓄电池电动势　　　　　D. 过载

4. 在讨论充电系统的用途时，技师甲说"充电系统用来补充蓄电池起动发动机消耗的电能"；技师乙说"转子是产生电流的转动部件"。谁正确？（　　）
   A. 甲正确　　　　　B. 乙正确
   C. 两人均正确　　　D. 两人均不正确

5. 在讨论充电系统时，技师甲说"检测充电系统之前，必须首先检查蓄电池"；技师乙说"交流发电机皮带打滑会使励磁电流减小"。谁正确？（　　）
   A. 甲正确　　　　　B. 乙正确
   C. 两人均正确　　　D. 两人均不正确

三、判断题

1. 交流发电机的定子绕组通常为星形接法，整流器为三相式整流电路。（　　）
2. 发电机和蓄电池是并联的。（　　）
3. 电流表的正极接蓄电池的正极，电流表的负极接蓄电池的负极。（　　）
4. 汽车用交流发电机由1台三相同步交流发电机和硅整流器组成。（　　）
5. 交流发电机是利用硅二极管的单向导电特性把交流电转换成直流电的。（　　）
6. 交流发电机的输出特性表明它具有限制输出电流的能力。（　　）
7. 电压调节器的作用是：当交流发电机的转速发生变化时，通过调节交流发电机的输出电流，使电压基本保持不变。（　　）
8. 大部分汽车充电指示灯亮，表明蓄电池处于充电状态，硅整流交流发电机处于自励发电状态。（　　）
9. 根据集成电路电压调节器检测电压方式的不同，交流发电机可分为蓄电池电压检测式和发电机电压检测式两种。（　　）
10. 当发动机刚起动时，交流发电机属于自励形式，发动机正常运转后则为他励形式，并向其他用电设备供电。（　　）

四、简答题

电脑控制式电压调节器的工作原理是什么？

项目四

汽车起动系统

- 掌握汽车起动系统主要组成部分的作用及工作原理;
- 掌握起动机的结构、主要部件的作用及工作原理,并能学会起动机的拆装、整机检修及解体后主要部件的检修;
- 掌握电磁开关的作用和工作原理,并能正确检测电磁开关;
- 掌握起动系统常见故障的诊断和排除方法,能正确分析起动系统的电路图。

任务一 起动机的认知

一、起动机的作用

起动机的作用就是起动发动机,发动机起动之后,起动机便立即停止工作。起动机在整车上的位置,如图4-1所示。

二、起动机的分类

起动机主要按传动机构啮入方式的不同可分为强制啮合式起动机、减速式起动机。

1. 强制啮合式起动机

强制啮合式起动机(见图4-2)靠电磁力拉动杠杆,强制拨动驱动齿轮啮入飞轮齿环。其特点是啮合机构简单、动作可靠、操作方便,目前使用广泛。

2. 减速式起动机

减速式起动机采用高速、小型、低力矩电动机,在传动机构中设有减速装置(行星齿轮机构),质量和体积比普通起动机可减小30%~35%,但结构和工艺比较复杂。其又分为外啮合式减速起动机、行星齿轮啮合式减速起动机,如图4-3所示。

其中应用最广泛的为强制啮合式起动机,本任务主要介绍强制啮合式起动机。

三、起动机的结构

起动机一般由直流电动机、传动机构(或称啮合机构)和控制装置(电磁开关)3部分组成。

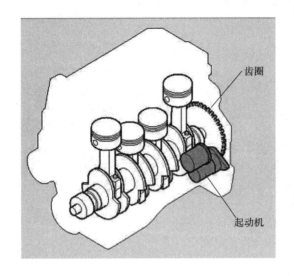

图4-1 起动机在整车上的位置

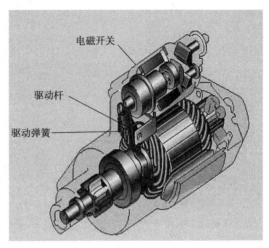

图4-2 强制啮合式起动机

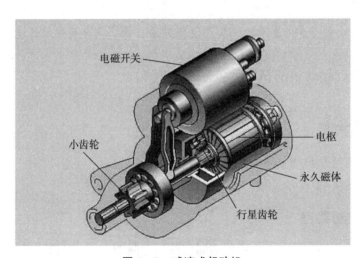

图4-3 减速式起动机

直流电动机的作用是产生力矩。一般均采用直流串励式电动机。"串励"是指电枢绕组与励磁绕组串联。

串励直流电动机主要由机壳、磁极、电枢、换向器及电刷等组成，如图4-4所示。

图4-4 直流电动机的组成

机壳的作用是安装磁极，固定机件。机壳用钢管制成，一端开有窗口，用于观察和维护电刷和换向器，平时用防尘箍盖住。机壳上有一个电流输入接线柱，并在内部与励磁绕组的一端相接。壳内壁固定有磁极铁芯和励磁绕组。起动机机壳如图 4-5 所示。

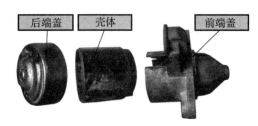

图 4-5 起动机机壳

磁极的作用是产生磁场，它由固定在机壳上的磁极铁芯和励磁绕组组成，一般是 4 个，两对磁极相对交错安装在电动机定子内壳上，如图 4-6（a）所示。4 个励磁线圈可互相串联后再与电枢绕组串联，也可两两串联后并联再与电枢绕组串联，如图 4-6（b）所示。

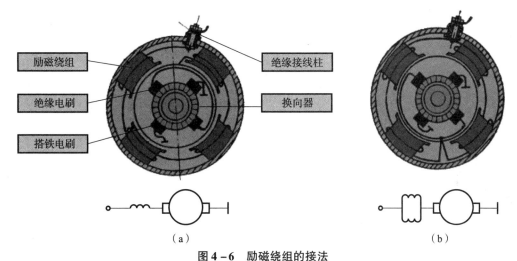

图 4-6 励磁绕组的接法
(a) 4 个励磁绕组相互串联；(b) 两串两并

电枢的作用是产生电磁转矩，它主要由电枢轴、电枢铁芯、电枢绕组和换向器等组成。电枢组成如图 4-7 所示，电枢铁芯是由许多相互绝缘的硅钢片叠装而成，其圆周表面上有槽，用来安放电枢绕组，电枢绕组用矩形截面的裸通条绕制。

换向器装在电枢轴上，它由许多换向片组成。换向片嵌装在轴套上，各换向器片之间用云母绝缘。换向器与电刷相接触。

电刷及电刷架的作用是将电流通过换向器引入电枢让其旋转。一般有 4 个电刷及电刷架，如图 4-8 所示。电刷架固定在前端盖上，其中 2 个对置的电刷架与端盖绝缘，称为绝缘电刷架；另外 2 个对置的电刷架与端盖直接铆合而搭铁，称为搭铁电刷架。

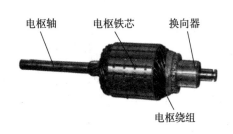

图 4-7 电枢的组成

图 4-8 电刷及电刷架的组合

电刷由铜粉与石墨粉压制而成,加入铜粉是为了减少电阻并增加耐磨性。电刷装在电刷架中,借弹簧压力将它紧压在换向器铜片上。电刷弹簧的压力一般为12~15 N。

端盖有前、后之分。前端盖一般用钢板压制而成,其上装有4个电刷架,后端盖由灰铸铁浇铸而成。它们分别装在机壳的两端,靠两根长螺栓与起动机机壳紧固在一起。两端盖内均装有青铜石墨轴承套或铁基含油轴承套,以支承电枢轴。

四、起动机的传动机构

传动机构的作用是把直流电动机产生的转矩传递给飞轮齿圈,再通过飞轮齿圈把转矩传递给发动机的曲轴,使发动机起动后,飞轮齿圈与驱动齿轮自动打滑脱离。传动机构一般由驱动齿轮、单向离合器、拨叉、啮合弹簧等组成,如图4-9所示。传动机构中,结构和工作情况比较复杂的是单向离合器,它的作用是传递电动机转矩,起动发动机,而在发动机起动后自动打滑,保护起动机电枢不致飞散。常用的单向离合器主要有滚柱式、摩擦片式和弹簧式等。

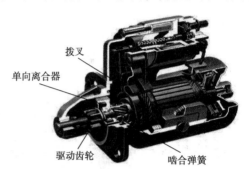

图4-9 起动机的传动机构

五、起动机的控制装置

起动机控制装置的作用是控制驱动齿轮和飞轮的啮合与分离,并且控制电动机电路的接通与切断。常用的装置有机械式和电磁式两种,现代汽车上广泛使用电磁式控制装置(电磁开关),如图4-10所示。电磁式控制装置主要由吸引线圈、保持线圈、回位弹簧、可动铁芯、接触片等组成。其中,端子50接点火开关,通过点火开关再接电源,端子30直接接电源。

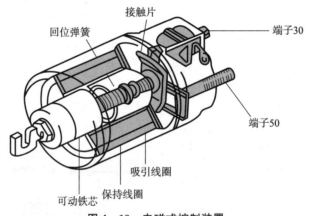

图4-10 电磁式控制装置

电磁式控制装置的基本工作过程如图4-11所示。当起动电路接通后,保持线圈的电流经起动机接线柱端子50进入,经线圈后直接搭铁,吸引线圈的电流也经起动机接线柱端子50进入,但通过吸引线圈后未直接搭铁,而是进入电动机的励磁线圈和电枢后再搭铁。两线圈通电后产生较强的电磁力,克服回位弹簧弹力使活动铁芯移动,一方面通过拨叉带动驱动齿轮移向飞轮齿圈并与之啮合,另一方面推动接触片移向接线柱端子50和端子C的触点,在驱动齿轮与飞轮齿圈进入啮合后，接触片将两个主触点接通，使电动机通电运转。在驱动齿轮进入啮合之前，由于经过吸引线圈的电流经过了电动机，所以电动机在这个电流的作用下会产生缓慢旋转，以便于驱动齿轮与飞轮齿圈进入啮合。在两个主接线柱触点接通之后，蓄电池的电流直接通过主触点和接触片进入电动机，使电动机进入正常运转，此时通过吸引线圈的电路被短路，因此，吸引线圈中无电流通过，主触点接通的位置靠保持线圈来保持。发动机起动后，切断起动电路，保持线圈断电，在弹簧的作用下，活动铁芯回位，切断了电动机的电路，同时也使驱动齿轮与飞轮齿圈脱离啮合。

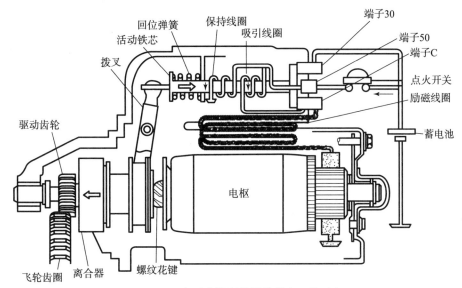

图 4-11　电磁式控制装置的基本工作过程

六、起动机的正确拆装工艺

1. 起动机就车拆装步骤（见图 4-12）

（1）断开蓄电池负极端子。

（2）断开起动机电缆及连接器。

（3）拆卸起动机固定螺栓。

（4）拆卸起动机。

2. 起动机的分解步骤（见图 4-13）

（1）从电磁开关处断开引线。

（2）拧出将电磁开关固定在驱动机构外壳上的两个螺母，将电磁开关取下。

图 4-12　起动机就车拆装

（3）拧出后轴承盖的两个螺钉，将轴承盖取下。

（4）用一字旋具将锁止板撬开，取出弹簧和橡胶圈。

（5）拧出两个贯穿螺栓，将换向器端框架拆下。

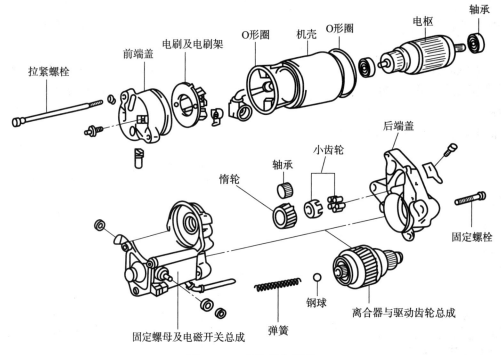

图 4-13 起动机分解图

(6) 用铁丝钩将 4 个电刷取出,同时将电刷架也拆下。

(7) 将励磁线圈架和电枢等一并取下。

(8) 用一字旋具轻轻敲入前端止动圈套,撬出弹簧卡环,从电枢轴上拆下止动套圈和单向离合器。

(9) 按分解的相反顺序装复起动机各零件。装复后应转动灵活,电枢轴的轴向间隙不大于 0.05~1.00 mm。

任务二 起动机的检修

一、起动机的就车检修

1. 电磁开关的检修

将变速器置于空挡或 P 挡,用短接线短接电磁开关 30 号接线柱与 C 接线柱,若起动机不运转则起动机有故障,如图 4-14 所示。

2. 起动线路的检修

拔下起动机电磁开关连接插头,在点火开关起动挡时用试灯检测插头电压,试灯应点亮;或用万用表,应有 12 V 左右的电压,若无电压或试灯不亮则应检查起动线路,如图 4-15 所示。

图 4-14　电磁开关的检修　　　　　图 4-15　起动线路的检修

二、起动机解体后的检查及技术要求

（一）电枢总成的检修

1. 电枢轴

用游标卡尺检测轴颈外径与衬套内径，配合间隙应为 0.035～0.077 mm，最大不超过 0.15 mm，若间隙过大，应更换衬套并重新铰配。电枢轴是否弯曲可用百分表检测，其径向跳动应不大于 0.10～0.15 mm，否则应予以校正，如图 4-16 所示。

2. 换向器

检查换向器表面有无烧蚀和圆度误差是否合格。若轻微烧蚀可用 00 号砂纸打磨，严重时应车削，换向器与电枢轴的同轴度误差不大于 0.03 mm，否则应在车床上修整。换向器直径不小于标准值 1.10 mm，换向片应高出云母片 0.40～0.80 mm，如图 4-17 所示。

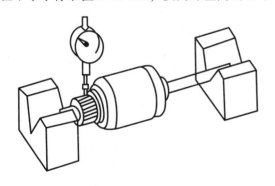 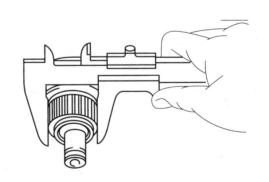

图 4-16　电枢轴的检查　　　　　图 4-17　换向器直径检查

3. 电枢

电枢线圈搭铁的检查：用万用表检查时，其表笔分别搭在换向器和铁芯（或电枢轴）上，阻值应为无穷大。若阻值为零，则为搭铁，应更换。电枢线圈搭铁的检查如图 4-18 所示。

电枢线圈短路的检修：把电枢放在万能试验台检验器上，接通电源，将锯片放在检验器上并转动电枢。锯片不振动表明电枢线圈无短路，否则为电枢线圈短路，应予以修理或更换,如图4-19所示。

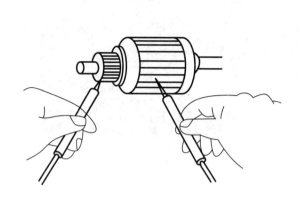

图4-18 电枢线圈搭铁的检查

图4-19 电枢线圈短路的检查

电枢线圈断路的检查:检视电枢线圈的导线是否甩出或脱焊。用万用表的两表笔分别依次与相邻换向器接触,其读数应一致,否则说明电枢线圈断路,断路应更换,如图4-20所示。

(二) 定子绕组的检修

1. 励磁线圈搭铁的检修

用万用表的两表笔分别接励磁接线柱和外壳,若阻值为无穷大,则正常;若阻值为零,说明有搭铁故障,如图4-21所示。

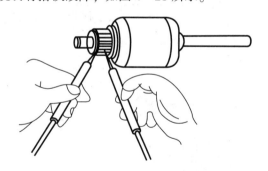

图4-20 电枢线圈断路的检查

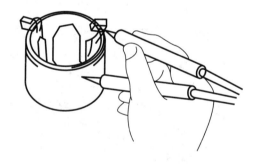

图4-21 励磁线圈搭铁的检查

2. 定子绕组短路、断路的检修

蓄电池正极接起动机接线柱,负极接正电刷,将旋具放在每个磁极上迅速检查磁极对旋具的吸力,应相同。磁极吸力弱的为匝间短路,各磁极均无吸力则为断路,如图4-22所示。若将万用表置于电阻挡,测接线柱与正电刷的导通情况,如不导通,说明断路。

(三) 电刷总成的检修

1. 电刷高度的检查

电刷磨损后的高度不应小于电刷原高度的一半,不小于10 mm。电刷在架内活动自如,无卡滞,电刷与换向器的接触面积不低于80%。

2. 电刷架的检查

用万用表的电阻挡位测两绝缘电刷架与电刷架座盖，阻值应为无穷大，否则说明绝缘体损坏；用相同方法测两搭铁电刷架与电刷架座盖，阻值应为零，否则说明电刷架松动，搭铁不良。

3. 电刷弹簧的检查

用弹簧秤检查弹簧的弹力，应为 11.76～14.7 N，如过弱应更换，如图 4-23 所示。

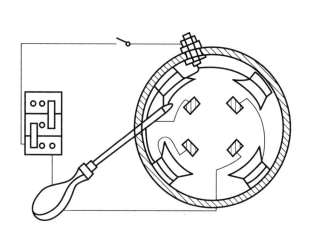

图 4-22 励磁线圈短路、断路的检查　　图 4-23 电刷弹簧的检查

4. 单向离合器的检查

按顺时针转动驱动齿轮，应自由转动；逆时针转动时应该被锁住，如图 4-24 所示。

（四）电磁开关的检修

（1）将两表笔分别接于励磁接线柱和电磁开关外壳，若有电阻，说明保持线圈良好；若电阻为零，则为短路；若电阻无穷大，则为断路。短路或断路情况都应更换。保持线圈的检查如图 4-25 所示。

 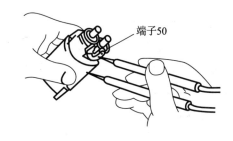

图 4-24 单向离合器的检查　　图 4-25 保持线圈的检查

（2）两表笔分别接于励磁接线柱和起动机接线柱，若有电阻，说明吸引线圈良好；若电阻为零，则为短路；若电阻无穷大，则为断路。短路或断路情况都应更换。吸引线圈的检查如图 4-26 所示。

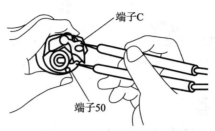

图 4-26 吸引线圈的检查

（3）用手将接触盘铁芯压住，让电磁开关上的电源接线柱与起动机接线柱连通，测量两接线柱间的电阻值应为零，否则为接触不良。

任务三　起动系统电路故障的检修

汽车起动机常见的故障主要为起动机不转或运转无力。故障现象：起动发动机时，将点火开关转到"起动"挡，起动机不运转。故障原因：起动机不转的故障可以归纳为三类，即电源及线路部分故障、起动继电器故障、起动机故障。

（1）电源及线路部分的故障。
①蓄电池严重亏电。
②蓄电池正、负极桩上的电缆接头松动或接触不良。
③控制线路断路。
（2）起动继电器的故障。
①继电器线圈绕组烧毁或断路。
②继电器触点严重烧蚀或触点不能闭合。
（3）起动机的故障。
①起动机电磁开关触点严重烧蚀或两触点高度调整不当，从而导致触点表面不在同一平面内，使触盘不能将两个触点接通。
②换向器严重烧蚀而导致电刷与换向器接触不良。
③电刷弹簧压力过小或电刷卡死在电刷架中。
④电刷与励磁绕组断路或电刷搭铁。
⑤励磁绕组或电枢绕组有断路、短路或搭铁故障。
⑥电枢轴的铜衬套磨损过多，使电枢轴偏心或电枢轴弯曲，导致电枢铁芯"扫膛"（即电枢铁芯与磁极发生摩擦或碰撞）。

一、故障诊断与排除方法

在未接通起动开关前，打开前照灯，观察灯光亮度。如果灯光暗淡，则可能是蓄电池亏电过多或连接线松脱所致。在蓄电池正常的情况下，起动机不工作故障按图 4-27 进行诊断。

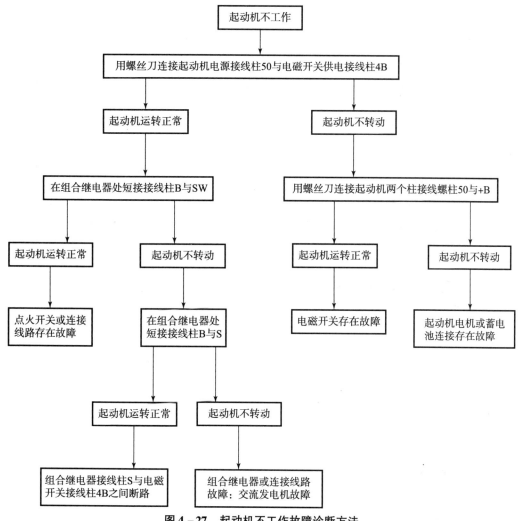

图4-27 起动机不工作故障诊断方法

二、起动系统电路分析

无起动继电器的起动线路中，由点火开关直接控制起动机的电磁开关。例如桑塔纳轿车的起动系统线路如图4-28所示。

当点火开关置于起动挡时，接通起动机电磁开关内的吸引线圈和保持线圈，其电磁开关电流走向为：蓄电池正极→红色导线→中央线路板单端子插座 P2→中央线路板内部线路→中央线路板单端子插座 P6→红色导线→点火开关 30 端子→点火开关 50 端子→红黑双色导线→中央线路板 B8 端子→中央线路板内部线路→中央线路板 C18 端子→起动机 50 端子→进入电磁开关→搭铁→蓄电池负极；产生电磁力接通起动机主电路，其主电路电流走向为：蓄电池正极→黑色蓄电池线→起动机接线柱→电磁开关接触盘→起动机→搭铁→蓄电池负极。

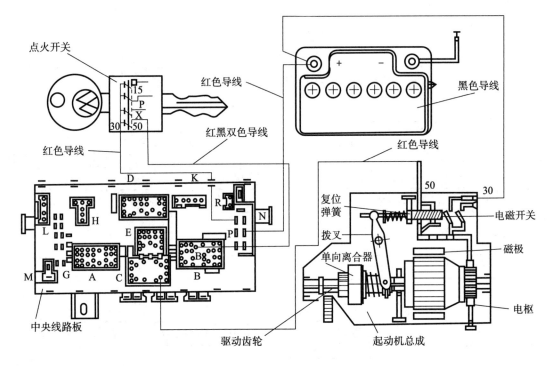

图 4-28　桑塔纳轿车起动线路

三、起动机不转故障实例

1. 故障现象

一辆桑塔纳 2000 型轿车，起动发动机时起动机不运转，电磁开关也没有"嗒、嗒"的吸合声。

2. 故障检修

检修时，首先检查蓄电池，确认其电量是否充足。在发动机机舱内蓄电池右侧找到起动机电磁开关驱动线，将其连接器脱开。从蓄电池直接引火线接通电磁开关驱动线，此时起动机正常驱动发动机。初步判断可能是点火开关起动挡的触点有时接触不良而引发上述故障。换装一只新的点火开关后，再打起动机，起动机完全恢复了正常功能。至此故障完全排除。

3. 故障分析

点火开关起动挡内部触点接触不良，有接触电阻，会降低电磁开关的电流，因此电磁开关产生的吸引力就弱，不足以克服弹簧弹力，导致内部触点无法接触，起动机不能运转，从而使发动机无法起动。

项目小结

（1）起动机由串励直流电动机、传动机构和操纵机构 3 个部分组成。

（2）起动机按传动机构的啮合方式不同主要可分为强制啮合式起动机、减速式起动机。

(3) 串励直流电动机由电枢、磁极、换向器等主要部件构成。

(4) 起动机所用直流电动机多为串励直流电动机，是因为串励直流电动机的特性可满足需要。起动机的特性取决于直流电动机的特性，而串励直流电动机的特点是起动转矩大，机械特性软。

(5) 起动机由于其轻载或空载时转速很高，容易造成"飞散"事故，故对于功率较大的串励直流电动机，不允许在轻载或空载下运行。

(6) 电枢电流接近制动电流的一半时，电动机输出功率最大，最大功率为额定功率。

(7) 影响起动机功率的因素主要有接触电阻和导线电阻、蓄电池容量、温度。

(8) 起动机的传动机构包括单向离合器和拨叉两个部分。

(9) 起动机的电路可归纳为三条回路，即主回路、电磁开关回路、控制回路。其控制关系是：控制回路控制电磁开关回路，电磁开关回路控制主回路。

(10) 发动机起动后，必须立即切断起动机控制电路，使起动机停止工作。

(11) 起动机常见的故障是起动机不运转。

习题与思考

一、选择题

1. 讨论起动机励磁线圈与电枢线圈的连接方式，甲认为串联，乙认为并联。你认为（　　）。

　　A. 甲对　　　　　　B. 乙对　　　　　　C. 甲乙都对　　　　　　D. 甲乙都不对

2. 为了获得足够的转矩，通过电枢绕组的电流很大，一般汽油机的起动电流为（　　）。

　　A. 20～60 A　　　B. 100～200 A　　　C. 200～600 A　　　D. 2 000～6 000 A

3. 探讨起动系统，下面哪项是正确的？（　　）

　　A. 测量吸引线圈是指测量起动机接线柱与壳体

　　B. 起动机的工作原理是动电生磁

　　C. 4个磁极起动机相对的2个磁极的内侧是同性磁极

　　D. 起动机换向器的作用是维持电枢定向运转

4. 起动机无力起动时，短接起动柱后，起动机转动仍然缓慢无力，甲认为是起动机本身故障，乙认为是蓄电池电量不足。你认为（　　）。

　　A. 甲对　　　　　　B. 乙对　　　　　　C. 甲乙都对　　　　　　D. 甲乙都不对

5. 在将起动机传动叉压到极限位置时，驱动小齿轮与止推垫圈之间必须保持适当的间隙，这个间隙一般为（　　）。

　　A. (1.5±1)mm　　B. (2.5±1)mm　　C. (3.5±1)mm　　D. (4.5±1)mm

6. 起动机在汽车的起动过程中是（　　）。

　　A. 先接通起动电源，然后让起动机驱动齿轮与发动机飞转齿圈正确啮合

　　B. 先让起动机驱动齿轮与发动机飞轮齿圈正确啮合，然后接通启动电源

　　C. 在接通起动电源的同时，让起动机驱动齿轮与发动机飞转齿圈正确啮合

　　D. 以上都不对

7. 起动系统故障分析：点火开关在起动位置时，不能起动，但有磁吸声，用一字螺具短接电源接线柱与电磁开关接线柱，能起动。甲认为是控制电流过小，导致磁力不足，乙认为是起动继电器触点接触不良或连接线接触不良。你认为（　　）。

  A. 甲对   B. 乙对   C. 甲乙都对   D. 甲乙都不对

8. 起动机电刷的高度如不符合要求，则应予以更换。一般电刷高度不应低于标准高度的（　　）。

  A. 1/2   B. 2/3   C. 1/4   D. 1/5

9. 电刷与换向器的接触面积不应低于（　　）。

  A. 60%   B. 70%   C. 80%   D. 90%

10. 电枢轴是否弯曲可用百分表检测，其径向跳动应不大于（　　）。

  A. 0.05～0.1 mm B. 0.1～0.15 mm C. 0.15～0.2 mm D. 0.2～0.25 mm

11. 换向器直径不小于标准值（　　）。

  A. 1.00 mm   B. 1.10 mm   C. 1.20 mm   D. 1.30 mm

12. 电枢轴的轴向间隙应为（　　）。

  A. 0.05～1.00 mm B. 0.1～1.05 mm C. 0.15～1.1 mm D. 0.2～1.15 mm

13. 起动机就车拆装第一步应为（　　）。

  A. 拆卸起动机   B. 断开起动机电缆及连接器

  C. 断开蓄电池负极端子   D. 拆卸起动机固定螺栓

14. 下列不是传动机构部件的是（　　）。

  A. 驱动齿轮 B. 单向离合器 C. 拨叉 D. 电磁开关

15. 若换向器表面轻微烧蚀，可用（　　）砂纸打磨。

  A. 00 号   B. 10 号   C. 50 号   D. 100 号

二、判断题

1. 串励直流式电动机中"串励"的含义是4个励磁绕组相串联。（　　）
2. 起动机转速越高，流过起动机的电流越大。（　　）
3. 对功率较大的起动机可在轻载或空载下运行。（　　）
4. 驱动小齿轮与止推垫圈之间的间隙大小视不同的起动机型号而稍有出入。（　　）
5. 判断起动机电磁开关中吸引线圈和保持线圈是否已损坏，应以通电情况下看其能否有力地吸动活动铁芯为准。（　　）
6. 发动机在起动时需要的转矩较大，而起动机所能产生的最大转矩只有它的几分之一，因此，在结构上就采用了通过小齿轮带动大齿轮来增大转矩的方法解决。（　　）
7. 单向滚柱式啮合器的外壳与十字块之间的间隙是宽窄不等的。（　　）
8. 起动机开关断开而停止工作时，继电器的触点张开，保持线圈的电路便改道，经吸引线圈、电动机开关回到蓄电池的正极。（　　）
9. 起动机电磁开关保持线圈开路时，在起动过程中电磁开关会出现反复的咔嗒声。（　　）
10. 起动机空载测试时，转速过高，耗电过大，表明电枢绕组有短路故障。（　　）
11. 起动机一般由交流电动机、传动机构和控制装置3部分组成。（　　）
12. 直流电动机主要由机壳、磁极、转子、换向器及电刷等组成。（　　）

13. 电刷与换向器的接触面积不应低于80%。（   ）

14. 检查单向离合器时，按顺时针转动驱动齿轮，应该被锁住；逆时针转动时应可自由转动。（   ）

15. 起动机不转故障在检修时应先检查蓄电池电压。（   ）

三、简答题

1. 起动机由哪些部分组成？各组成部分的作用是什么？
2. 起动机是如何分类的？
3. 起动机单向离合器有哪几种？
4. 简述起动机的工作过程。
5. 起动机不转的故障是哪些原因引起的？怎样判断与排除？
6. 简述起动机电磁开关电流走向。

项目五
点火系统

学习目标
- 了解点火系统的作用和基本要求；
- 掌握电子点火系统的组成和工作原理；
- 掌握微机控制式点火系统的组成和工作原理。

任务一　点火系统概述

在汽车各型电器中，汽车点火系统在起动车辆后就一直处于工作状态，需要将低压电转变为高压电点燃压缩后的可燃混合气，因此需消耗大量的电能。

一、点火系统的作用及基本要求

点火系统的作用是按照汽油机工作的要求，产生电火花，点燃气缸中的混合气。
在任何一款汽油机中，点火系统都应满足以下基本要求：
（1）点火系统应能够产生足以击穿火花塞间隙的电压；
（2）火花塞产生的电火花应具有足够的能量，满足点燃混合气的要求；
（3）点火的时间应能适应发动机的工作情况，根据发动机的工作顺序依次为各缸点火，并根据发动机的转速和负荷调整点火时刻。

二、点火系统的工作原理

蓄电池或发电机供给 12 V 低电压，经点火线圈和断电装置转变为高电压，再经配电器分送到各缸火花塞，使电极间产生电火花。

三、点火系统的分类

目前，汽车上应用的点火系统类型多样，通常按照点火系统的结构和发展历程，可分为 3 种基本类型：传统点火系统、电子点火系统和微机控制式点火系统。

任务二　点火系统的组成

一、传统点火系统的组成

传统点火系统是基于电磁感应原理进行工作的，其结构如图 5-1 所示。它把蓄电池发电机的 12 V 低压电转变为 15～20 kV 的高压电，同时按发动机做功顺序送入各缸火花塞，经过火花塞电极间火花放电点燃混合气。

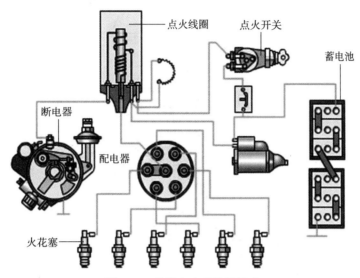

图 5－1　传统点火系统的组成

发动机工作时，断电器凸轮受驱动而旋转交替地将触点闭合或打开。接通点火开关后，在触点闭合时一次侧绕组内有电流流过，并在绕组铁芯中形成磁场。断电器触点打开时，一次侧绕组电流被切断，使磁场迅速消失。在一、二次侧绕组中均产生感应电动势。二次侧绕组匝数多，因而可感应出高达 15～20 kV 的高电压。该高电压击穿火花塞间隙，形成火花放电。

二、电子点火系统的组成

电子点火系统的电路和基本工作原理与传统点火系统大致相同，所不同的是电子点火系统将传统点火系统的触点改成了可以起到相同开关作用的三极管，如图 5－2 所示。利用触发信号使三极管接通或切断，产生初级电流的变化从而产生点火的高压。

按点火信号发生器不同，电子点火系统可分为磁感应式电子点火系统、霍尔式电子点火系统及光电式电子点火系统。其中霍尔式电子点火系统应用较为广泛。

（一）霍尔式电子点火系统简介

霍尔式电子点火系统组成如图 5－3 所示，霍尔式点火信号发生器是根据霍尔效应原理制成的，它装在分电器内。

（二）霍尔式电子点火系统部件结构

1. 点火线圈

点火线圈由初级绕组、次级绕组和铁芯等组成。点火线圈之所以能将车上低压电变成高压电，是由于有与普通变压器相同的形式，初级线圈与次级线圈的匝数比较大。但点火线圈工作方式却与普通变压器不一样，普通变压器是连续工作的，而点火线圈则是断续工作的，它根据发动机不同的转速以不同的频率反复进行储能及放能。

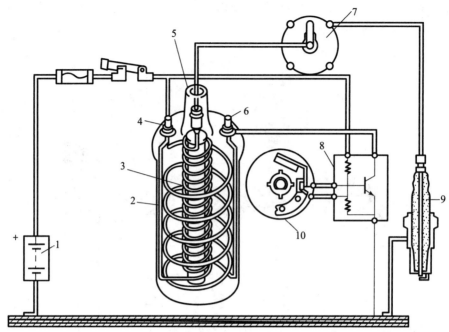

图 5-2 电子点火系统

1—蓄电池；2—初级线圈；3—次级线圈；4—正极端子；5—次级端子；6—负极端子；
7—分电器；8—点火器；9—火花塞；10—信号发生器

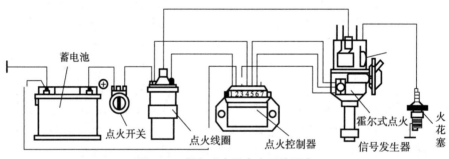

图 5-3 霍尔式电子点火系统组成

当初级线圈接通电源时，随着电流的增长线圈会产生一个很强的磁场，铁芯储存了磁场能；当开关装置使初级线圈电路断开时，初级线圈的磁场迅速衰减，次级线圈就会感应出很高的电压。初级线圈的磁场消失速度越快、电流断开瞬间的电流越大、两个线圈的匝比越大，则次级线圈感应出来的电压越高。

2. 分电器

分电器是用来接通和切断低压电路，使点火线圈产生高压电流，并按照发动机的点火顺序，在规定的时间内，将高压电分配给各气缸的火花塞，点燃混合气。

电子点火系统与微机控制式点火系统多采用无触点式分电器。无触点式分电器主要由信号发生器、配电器和点火提前调节装置组成。配电器和点火提前调节装置与传统分电器类似；信号发生器有霍尔式、磁脉冲式、光电式等。霍尔式无触点分电器的结构如图 5-4 所示。

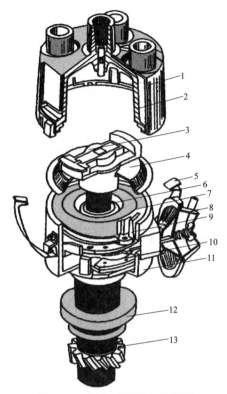

图 5-4 霍尔式无触点分电器

1—抗干扰屏蔽罩；2—分电器盖；3—分火头；4—防尘罩；5—分电器盖弹簧夹；6—分电器轴；7—带缺口转子；
8—真空点火提前调节装置；9—霍尔信号发生器总成；10—离心点火提前调节装置；
11—分电器外壳；12—密封圈；13—驱动齿轮

离心点火提前调节装置的作用是当发动机负荷发生变化时自动调整点火提前角，当发动机转速升高时，点火提前角增大。反之，当转速降低时，点火提前角自动减小。其装置图如图 5-5 所示。

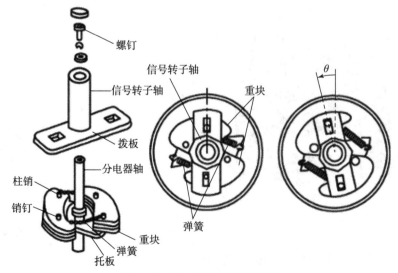

图 5-5 离心点火提前调节装置

真空式点火提前调节装置的作用是当发动机负荷发生变化时自动调整点火提前角,其如图5-6所示。

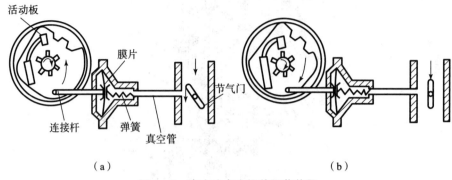

图 5-6 真空式点火提前调节装置

(a) 点火提前角增大;(b) 点火提前角减小

3. 配电器

配电器由分火头和分电器盖等组成,其作用是按发动机的工作顺序将高压电分配到各缸火花塞上。分电器盖由胶木制成,盖内四周有与发动机气缸数相等的旁电极,同盖外的旁插孔相通,旁插孔用来安装分缸线,其结构如图5-7所示。

分火头由胶木制成,其顶部嵌有一铜导电片,分火头装于断电凸轮顶端,当其随轴旋转时,其上的导电片在距旁电极0.2~0.8 mm的间隙处掠过。

4. 霍尔式点火信号发生器

(1) 霍尔效应的原理。

霍尔效应是在1879年被霍尔(E. H. Hall)发现的,它定义了磁场和感应电压之间的关系。当电流通过一个位于磁场中的导体时,磁场会对导体中的电子产生一个横向的作用力,从而在导体的两端产生电压差,如图5-8所示。

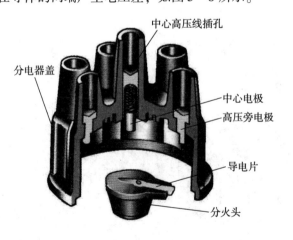

图 5-7 配电器

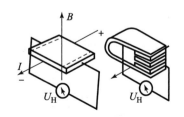

图 5-8 霍尔效应原理

(2) 霍尔式点火信号发生器的结构原理。

霍尔式点火信号发生器由触发叶轮和霍尔传感器组成,如图5-9所示。触发叶轮像传统的分电器凸轮一样,套在分电器轴的上部,它可以随分电器轴一起转动,又能相对分电器轴做少量转动,以保证离心调节装置正常工作。

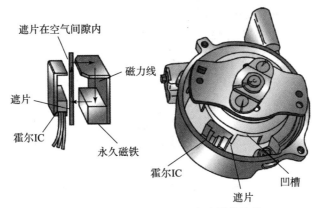

图 5-9　霍尔式点火信号发生器的结构

5. 点火控制器

点火控制器的作用是按照点火信号发生器发出的点火信号接通和断开点火系统的初级电路,使点火线圈的次级产生高压。目前汽车上所采用的点火器中的电路形式多种多样,但其基本功能是大致相同的,其电路是由相应的功能电路组成,如图 5-10 所示。其外观如图 5-11 所示。

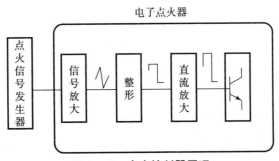

图 5-10　点火控制器原理

三、微机控制式点火系统的组成

普通电子点火系统相对于传统点火系统来说,用晶体管控制点火线圈初级电路的导通与切断,取消了分电器内的断电器触点,增加了闭合角控制,使点火系统的性能有了很大的提高。但仍采用真空和离心式机械点火提前机构控制,其调整精度距发动机最佳点火提前角的要求相差很远。

对于要求较高的现代汽车来说,普通电子点火系统已不能很好地满足发动机对最佳点火提前角的要求。新型的微机控制式点火系统便应运而生。

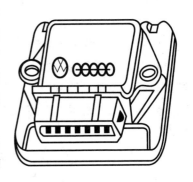

图 5-11　点火控制器外观

(一) 微机控制式点火系统的功能

微机控制式点火系统的基本功用是产生电火花点燃气缸内的混合气。要求必须及时、可靠地点火。点火系统点燃混合气的时间一般用点火提前角表示。

点火提前角是指某气缸从火花塞跳火到该气缸活塞运动至压缩上止点时曲轴转过的角度。

微机控制式点火系统由电控单元（ECU）来控制和修正点火提前角，完全取消机械装置，甚至可取消分电器，成为全电控点火系统。

点火提前角对发动机的动力性、经济性及环保方面均有一定影响，提前角过大，容易产生爆燃现象，反之过小则动力性下降，但后期氧化的温度高，排放性较好。因此好的控制系统应当能够随着发动机的转速、负荷、蓄电池电压、进气温度、水温等因素准确、实时地跟踪上理论提前角。从图5-12所示可以看出，只有微机控制式点火系统才能实现。

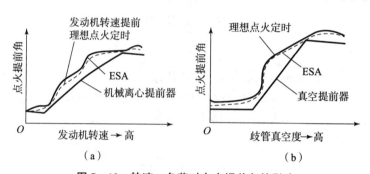

图5-12 转速、负荷对点火提前角的影响
(a) 转速对点火提前角的影响；(b) 歧管真空度对点火提前角的影响

微机控制式点火系统除点火提前角控制功能外，还具有爆燃控制、通电时间控制等功能。

(二) 微机控制式点火系统的组成和工作原理

微机控制式点火系统主要由电控单元、点火控制器（电子点火器）、点火线圈、火花塞和各种相关传感器组成。发动机在运转过程中，与点火相关的传感器把各信号传送给电控单元（ECU），经电控单元处理、分析、加工、放大后控制执行器（点火控制器）工作，再由点火控制器（电子点火器）直接控制点火线圈的初级电流通断，使点火线圈的次级产生高压，准确而及时地点燃气缸中的混合气，使发动机能正常工作。

微机控制式点火系统，按有无分电器，可分为微机控制式有分电器点火系统和微机控制式无分电器点火系统两种类型。目前，车上绝大多数采用的无分电器式点火系统。

微机控制式无分电器点火系统最主要的特点是完全取消了传统的分电器，由ECU中附加的点火控制电路和分电电路控制点火控制模块，实现对点火的控制。对于微机控制式无分电器点火系统，按点火方式可分为同时点火（分组点火）方式和独立点火方式两种类型。

1. 同时点火（分组点火）方式

同时点火方式的主要特点是点火过程同时发生在两个工作顺序相差360°的气缸中。电火花产生时，其中一个气缸的活塞位于压缩上止点附近，对这个气缸是一次有效的正式点火。对于另一个气缸，由于其活塞正好位于排气上止点附近，因此是一次无效的空点火。对同时点火方式，按配电方式又分为二极管分配式和点火线圈分配式两种形式。点火线圈分配式无分电器点火系统采用同时点火方式，工作原理如图 5-13 所示。点火顺序为 1—3—4—2 的四缸发动机，当 ECU 接收到曲轴位置传感器相应信号时，向点火控制器发出触发点火信号，控制器的控制回路使 T_1 截止，初级绕组 A 中的电流被切断。

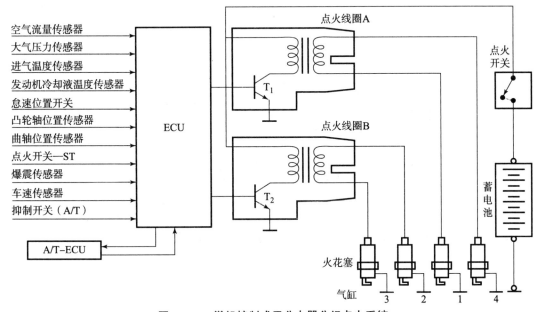

图 5-13　微机控制式无分电器分组点火系统

在次级绕组中感应出高压电，经 4 缸和 1 缸火花塞构成回路，两个火花塞均跳火，此时 1 缸接近压缩终了，混合气被点燃，而 4 缸正在排气，火花塞点空火。

曲轴转过 180°后，ECU 接到传感器信号后再次向点火控制器发出触发信号，T_2 截止，初级绕组 B 中电流被切断，次级绕组感应出高压电，并经 2 缸和 3 缸火花塞构成回路，同时跳火，此时 3 缸点火做功，2 缸火花塞点空火。

依次类推，发动机曲轴转两圈，各缸做功一次，完成一个工作循环，点火两次。

2. 独立点火方式

独立点火方式是多气门汽油机无分电器点火系统中普遍采用的结构形式。微机控制式无分电器独立点火系统的构成如图 5-14 所示。该点火系统由电控单元、点火控制器、点火线圈和火花塞等组成。

独立点火方式的主要特点是：每个气缸上配有 1 个点火线圈和 1 个火花塞，点火线圈安装在火花塞上方，取消了高压线，由点火线圈直接向火花塞供电。发动机工作时，ECU 按各缸工作顺序向点火控制模块发出点火信号，点火控制模块内相应的晶体管截止，使对应气缸点火线圈初级绕组断开，在次级绕组上感应出高压，火花塞产生火花，点燃已被压缩的混合气。

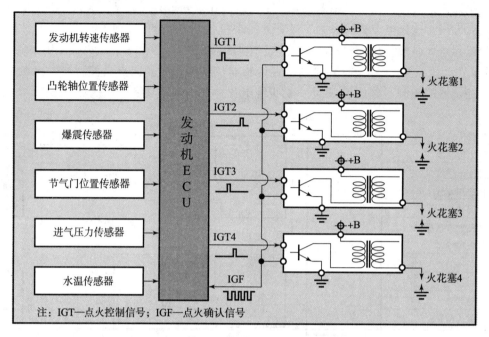

图 5-14 微机控制式无分电器独立点火系统

项目小结

(1) 点火系统的作用是按照汽油机工作的要求，产生电火花，点燃气缸中的混合气。

(2) 目前，汽车上应用的点火系统类型多样，通常按照点火系统的结构和发展历程，可分为3种基本类型：传统点火系统、电子点火系统和微机控制式点火系统。

(3) 点火提前角是指某气缸从火花塞跳火到该气缸活塞运动至压缩上止点时曲轴转过的角度。

(4) 传统点火系统的工作过程。

(5) 晶体管式点火系统的组成及工作过程。

(6) 微机控制式点火系统的组成、工作原理及优势。

一、填空题

1. 微机控制式点火系统由_____、_____、_____三大部分组成。

2. 微机控制式点火系统具有_____、_____和_____功能。

3. 微机控制式点火系统的基本功能是_____。

二、选择题

1. 发动机一个工作循环中，分组点火方式的火花塞点火（　　）；顺序喷射（也称为独立点火）时，各缸火花塞点火（　　）。

A. 2次，1次　　　　B. 2次，2次　　　　C. 1次，2次　　　　D. 1次，1次

2. 以下哪个不是无分电器式电子点火系统的优点？（　　）

A. 无分电器点火系统有利于防止稀空燃比的混合气燃烧缺火

B. 与分电器式点火系统相比，无分电器式点火系统能更稳定地控制点火正时

C. 无分电器式点火系统无分电器盖侧间隙，减少无线电干扰

D. 系统零件结构简单，价格便宜

3. 电控单元ECU对发动机点火提前角进行闭环控制，不采用（　　）等传感器。

A. 发动机转速　　　　B. 车速　　　　C. 节气门位置　　　　D. 爆震

4. 目前大部分电控汽车采用了哪种点火控制装置？（　　）

A. 机械式　　　　　　　　　　　　B. 晶体管式

C. 机械、晶体管式　　　　　　　　D. 微机控制式

三、简答题

微机控制式独立点火系统的组成和工作原理是什么？

项目六

汽车灯光系统

- 汽车灯光系统的总述；
- 汽车大灯系统的认知和检测；
- 迈腾 B8 远光灯控制运行原理；
- 迈腾 B8 近光灯控制运行原理；
- 迈腾 B8 示宽灯控制运行原理；
- 迈腾 B8 制动灯控制运行原理；
- 迈腾 B8 转向灯、报警灯控制运行原理。

任务一 远光灯系统

一、远光灯控制运行原理

迈腾 B8 远光灯控制系统通过车载电网控制单元 J519 集中控制，系统包含灯光旋转开关、车灯变光开关、左前远光灯、右前远光灯、转向柱电子装置控制单元 J527、数据总线诊断接口 J533、组合仪表控制单元 J285、车载电网控制单元 J519 等元器件，如图 6 - 1 所示。

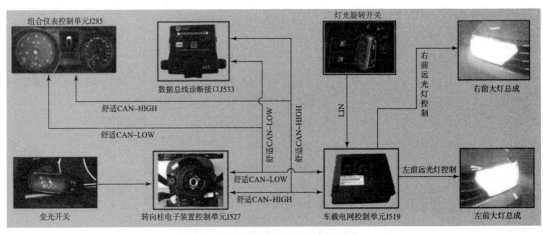

图 6 - 1 迈腾 B8 远光灯结构组成

迈腾 B8 车灯变光开关安装在转向柱上部左侧方向盘下部的位置，如图 6-2 所示。

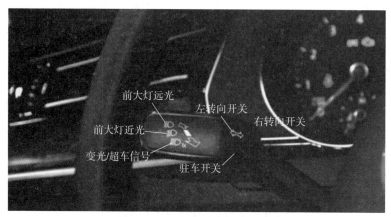

图 6-2 迈腾 B8 灯光旋转开关

图 6-3 所示为迈腾 B8 灯光旋转开关工作原理图，从图中可以看出，迈腾 B8 变光开关、转向开关和驾驶辅助系统操作按钮为一体。开关之间使用内部连接线束与转向柱电子装置控制单元 J527 相连。

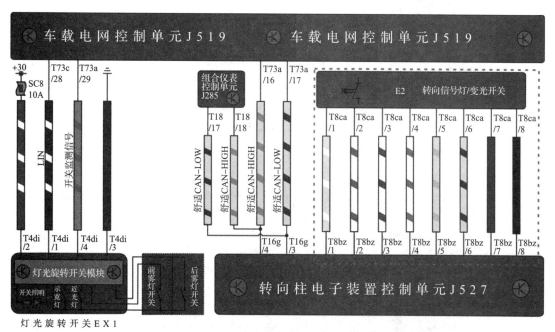

图 6-3 迈腾 B8 灯光旋转开关工作原理图

（1）灯光旋转开关旋至近光灯位置时，变光开关向下按动，开关内部接通远光灯控制触点，随即转向柱电子装置控制单元 J527 接收到远光灯开启的模拟信号，控制单元 J527 将这一个模拟信号转换为数字信号，通过舒适系统 CAN 总线将数据发给车载电网控制单元 J519 和组合仪表控制单元 J285。

（2）任何时候变光开关向上拉动，开关内部将接通超车灯控制触点，随即转向柱电子装置控制单元 J527 接收到超车灯开启的模拟信号，然后控制单元 J527 将这一个模拟信号转换为数字信号，通过舒适系统 CAN 总线将数据发给车载电网控制单元 J519 和组合仪表控制单元 J285。

二、迈腾 B8 前大灯总成（远光灯）

迈腾 B8 为了节省电能以及增加远光灯与超车灯的亮度，左、右远光灯与超车灯照明均采用 LED（发光二极管）模块照明的方式，如图 6-4 所示。

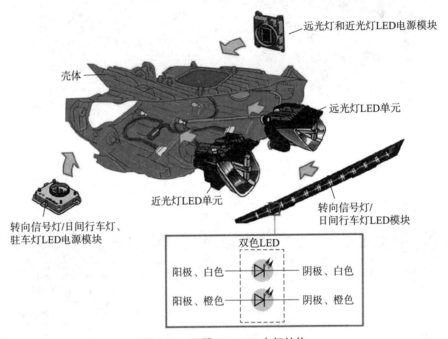

图 6-4　迈腾 B8 LED 大灯结构

发光二极管简称为 LED，由含镓（Ga）、砷（As）、磷（P）、氮（N）等的化合物制成。当电子与空穴复合时能辐射出可见光，因而可以用来制成发光二极管。在电路及仪器中作为指示灯，或者组成文字或数字显示。砷化镓二极管发红光，磷化镓二极管发绿光，碳化硅二极管发黄光，氮化镓二极管发蓝光。

发光二极管可分为普通单色发光二极管、高亮度发光二极管、超高亮度发光二极管、变色发光二极管、闪烁发光二极管、电压控制型发光二极管、红外发光二极管和负阻发光二极管等。

超高亮发光二极管（见图 6-5）可以做成汽车的远光灯、刹车灯、行车灯和转向灯，也可用于仪表照明和车内照明，它在耐振动、省电及长寿命方面比白炽灯有明显的优势。尤其用作刹车灯，它的响应时间为 60 ns，比白炽灯或普通 LED（见图 6-6）的 140 ms 要短许多，在典型的高速公路上行驶，会增加 4~6 m 的安全距离。

从迈腾 B8 远光灯 LED 单元主要部件图（见图 6-7）可以看出，远光灯 LED 单元只有一个带散热体的 LED 单元。该 LED 单元带有 2 个多晶 LED 发光单元，每个发光单元各包括 2 个 LED，用于在接通远光灯时切换到远光灯。如图 6-8 所示 LED 单元上的多晶 LED 发光单元串联接通，由远光灯和远光灯电源单元供电。此 LED 电源单元接收开启/关闭命令（接线端 56a），并直接通过车载电网控制单元 J519 为照明系统供电。

图 6-5 贴片式 LED（超高亮）

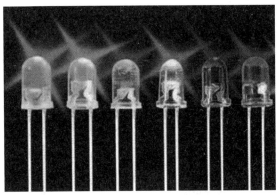

图 6-6 普通 LED

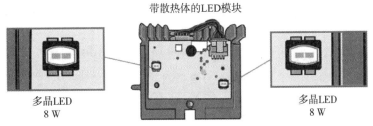

图 6-7 迈腾 B8 远光灯 LED 单元

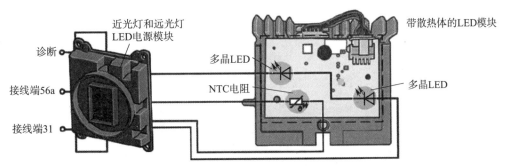

图 6-8 迈腾 B8 远光灯 LED 单元电路连接

像远光灯 LED 单元一样，在 LED 单元上安装有一个起到温度传感器作用的 NTC 电阻，用以监控 LED 温度并相应减少电流供应。

从迈腾 B8 远光灯 LED 单元电路连接图（见图 6-9）可以看出，转向柱电子装置控制单元 J527 将以下开关的模拟信号装换为数字信号，通过舒适 CAN 总线（见表 6-1）传递给车载电网控制单元 J519 以及数据总线诊断接口 J533，数据总线诊断接口 J533 再将这些信息通过驱动 CAN 总线（见表 6-2）、娱乐 CAN 总线（见表 6-3）传递给音响以及发动机控制单元。

迈腾 B8 车载电网控制单元 J519（见图 6-10）为了确保蓄电池有足够的电能使发动机顺利起动和正常运转，对用电负载（电能）进行管理。控制单元根据以下的相关数据进行评估：

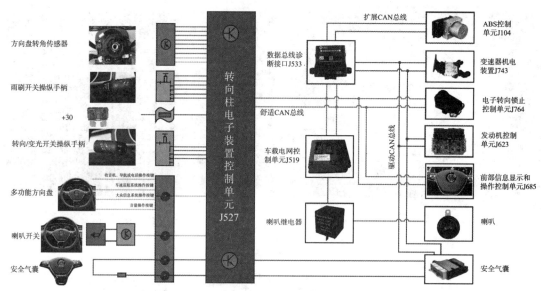

图6-9 迈腾B8远光灯LED单元电路连接

表6-1 舒适CAN总线信息

信号输入	发送单元	路径	接收单元	路径	执行单元
右转向信号	J527	舒适CAN总线	J519、J285	导线连接	左右前大灯、左右后尾灯、J285
左转向信号					
变光信号					
喇叭按钮信号			J519	LIN总线	喇叭
雨刷开关低速信号				LIN总线	J400（刮水器电机控制单元）
雨刷开关高速信号					
雨刷开关间歇信号					
雨刷洗涤信号					
雨刷速度控制信号					

表6-2 驱动CAN总线信息

信号输入	发送单元	路径	转换单元	路径	执行单元
巡航开启信号	J527	舒适CAN总线	J533	驱动CAN总线	J623
巡航加速信号					
巡航减速信号					
升挡信号					J743
减挡信号					

表 6 – 3　娱乐 CAN 总线信息

信号输入	发送单元	路径	接收单元	路径	执行单元
音量 +	J527	舒适 CAN 总线	J533	信息娱乐 CAN	J685
音量 -					
免提电话					

(1) 电瓶电压；
(2) 发动机转速；
(3) 发电机的 DFM 信号。

在保证安全行驶的前提下，适当地关闭舒适功能的用电设备，并对这些功能控制进行监测。

迈腾 B8 车载电网控制单元 J519 的功能作用：迈腾 B8 整车电能通过 J519 进行动态能量管理（负荷管理），避免由于大的电量消耗使电量供应出现停止，同时在过大的周期性负载之前保护蓄电池，因此 J519 具备以下功能作用：

图 6 – 10　迈腾 B8 车载电网控制单元 J519

(1) 外部灯光控制；
(2) 舒适灯光控制；
(3) 雨刮控制；
(4) 清洗泵控制；
(5) 指示灯控制；
(6) 负荷管理；
(7) 内部灯光控制；
(8) 后风窗加热；
(9) 端子控制；
(10) 燃油泵预供油控制；
(11) 控制、管理状态监测。

三、迈腾 B8 远光灯工作过程

(1) 灯光旋转开关旋至近光灯位置时，变光开关向下按动，开关内部接通远光灯控制触点，随即转向柱电子装置控制单元 J527 接收到远光灯开启的模拟信号，控制单元 J527 将这一个模拟信号转换为数字信号，通过舒适系统 CAN 总线将数据发给车载电网控制单元 J519 和组合仪表控制单元 J285，如图 6 – 11 所示。

①控制单元 J519 接收到此信号后，分别接通左前、右前远光灯控制信号，所有远光灯点亮。

②组合仪表控制单元 J285 接收到此信号后，点亮仪表上的远光指示灯，提示驾驶员灯光状态。

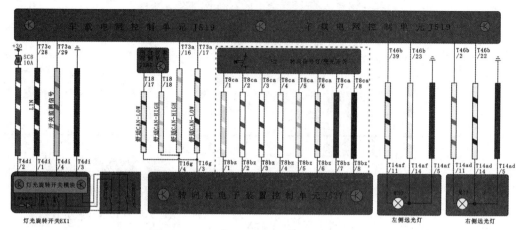

图6-11 迈腾B8远光灯控制电路图（一）

（2）任何时候变光开关向上拉动，开关内部接通超车灯控制触点，随即转向柱电子装置控制单元J527接收到超车灯开启的模拟信号，控制单元J527将这个模拟信号转换为数字信号，通过舒适系统CAN总线将数据发给车载电网控制单元J519和组合仪表控制单元J285，如图6-12所示。

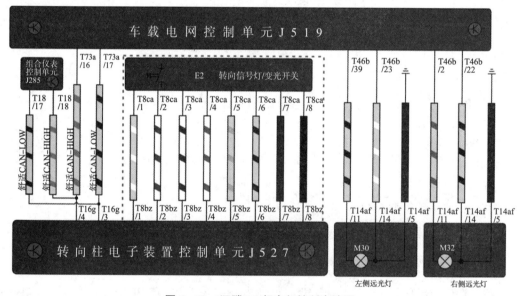

图6-12 迈腾B8超车灯控制电路图

①控制单元J519接收到此信号后，分别接通左前、右前远光灯控制信号，所有远光灯点亮。

②组合仪表控制单元J285接收到此信号后，点亮仪表上的远光指示灯，提示驾驶员灯光状态。

松开变光开关，左前、右前远光灯和仪表上的远光指示灯熄灭。

四、远光灯控制的检查

因为左右两侧远光灯及电路检查的方法基本一致，所以，仅讲述左侧远光灯M30及其电路的检查和测量。

由于该灯和近光灯合用搭铁线路,所以在诊断时应考虑近光灯的工作状况,如果合用搭铁的两个灯均工作异常,说明搭铁线路故障的概率较高;如果只是远光灯工作异常,则暂时不考虑搭铁线路故障。此处针对只有远光灯工作异常的故障诊断进行介绍。

从以下迈腾 B8 远光灯控制电路原理图(见图 6 – 13)可以看出,系统为了更好地监测和控制左、右侧灯光的开启和关闭,左、右侧远光灯电源均由车载电网控制单元 J519 提供并控制。

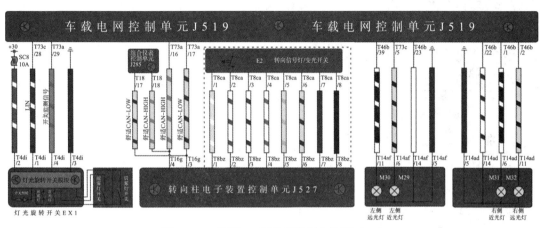

图 6 – 13　迈腾 B8 远光灯控制电路图(二)

左侧远光灯 M30 的工作由 J519 通过其 T46b/39 端子至左侧远光灯 T14af/11 之间的电路给左侧远光灯 M30 提供电源,再通过左侧远光灯的 T14af/5 管脚搭铁构成回路,点亮左侧远光灯 M30。

针对左侧远光灯点亮异常的常见故障,如表 6 – 4 所示。

表 6 – 4　左侧远光灯点亮异常的常见故障

序号	故障性质
1	M30 的 LED 灯泡损坏
2	M30 的供电线路断路
3	M30 的供电线路虚接
4	M30 的供电线路对地短路
5	车载电网控制单元 J519 局部损坏(远光灯控制)

任务二　近光灯系统

一、迈腾 B8 近光灯结构组成

迈腾 B8 近光灯控制系统与远光灯相似,具体包括:灯光旋转开关、左前近光灯、右前近光灯、数据总线诊断接口 J533、组合仪表控制单元 J285、车载电网控制单元 J519，如图 6-14 所示。

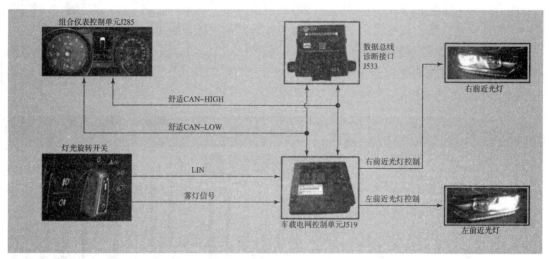

图 6-14　迈腾 B8 近光灯结构组成

迈腾 B8 灯光旋转开关安装在转向柱左侧仪表台偏下的位置，如图 6-15 所示，控制开关由以下部分组成：

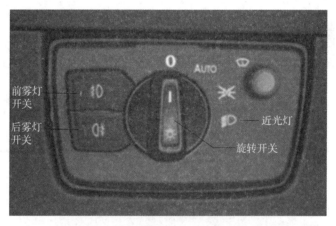

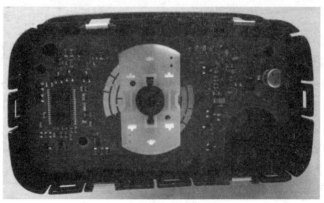

图 6-15　迈腾 B8 灯光旋转开关

(1) 灯光旋转开关；
(2) 后雾灯开关；
(3) 前雾灯开关。

从迈腾 B8 灯光旋转开关工作原理图（见图 6 – 16）可以看出。灯光旋转开关旋至近光灯位置时，灯光旋转开关模块接收到近光灯开启信号，模块将接收到的模拟电压信号转换为数字信号，通过开关 LIN 数据线将此信号发送至车载电网控制单元 J519。

图 6 – 16　迈腾 B8 灯光旋转开关工作原理图

二、迈腾 B8 近光灯工作过程

从迈腾 B8 近光灯控制电路图（见图 6 – 17）可以看出，灯光旋转开关旋至近光灯位置时，灯光旋转开关模块接收到近光灯开启信号，模块将接收到的模拟电压信号转换为数字信号，通过开关 LIN 数据线将此信号发送至车载电网控制单元 J519。控制单元 J519 接收到此信号后，分别接通左前、右前近光灯控制信号，所有近光灯点亮。

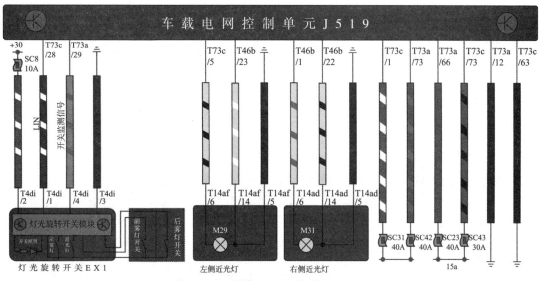

图 6 – 17　迈腾 B8 近光灯控制电路图

三、近光灯控制的检查

因为左右两侧近光灯及电路检查的方法基本一致，所以，仅讲述左侧近光灯 M29 及其电路的检查和测量。

由于该灯和远光灯合用搭铁线路,所以在诊断时应考虑远光灯的工作状况,如果合用搭铁的两个灯均工作异常,说明搭铁线路故障的概率较高;如果只是近光灯工作异常,则暂时不考虑搭铁线路故障。此处针对只有近光灯泡工作异常的故障诊断进行介绍。

从迈腾 B8 近光灯控制电路原理图 6-17 上可以看出,系统为了更好地监测和控制左、右侧近光灯的开启和关闭,左、右侧近光灯电源均由车载电网控制单元 J519 提供并控制。

左侧近光灯 M29 的工作是由 J519 通过其 T73c/5 端子与左侧近光灯 T14af/6 之间的线路提供正极电源,再通过端子 T14af/5 搭铁构成回路,点亮左侧近光灯 M29。

左侧近光灯常见故障如表 6-5 所示。

表 6-5 左侧近光灯点亮异常的常见故障

序号	故障性质
1	M29 的 LED 或卤素灯灯泡损坏
2	M29 的供电线路断路
3	M29 的供电线路虚接
4	M29 的供电线路对地短路
5	车载电网控制单元 J519 局部损坏（近光灯控制）

任务三 示宽灯系统

一、示宽灯控制运行原理

迈腾 B8 示宽灯控制系统通过车载电网控制单元 J519 集中控制,系统包含以下元器件,如图 6-18 所示:

(1) 灯光旋转开关;
(2) 左前大灯总成;
(3) 右前大灯总成;
(4) 左后尾灯总成;
(5) 右后尾灯总成;
(6) 数据总线诊断接口 J533;
(7) 组合仪表控制单元 J285;
(8) 车载电网控制单元 J519;
(9) 车内各操作开关。

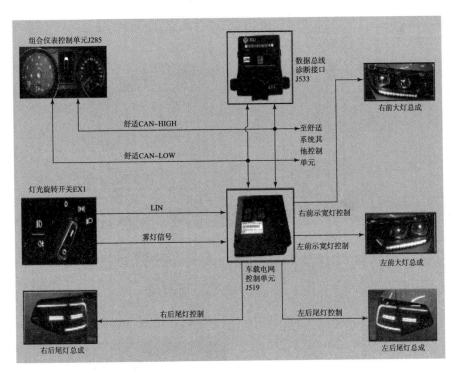

图 6-18　迈腾 B8 示宽灯结构组成

二、迈腾 B8 前大灯总成

迈腾 B8 为了节省电能以及增加示宽灯的亮度，左、右示宽灯照明均采用 LED（发光二极管）模块照明的方式。

LED 大灯中的双色 LED（Bi-Color）灯用于日间行车灯、驻车灯和转向信号灯，其结构如图 6-4 所示。在日间行车灯功能下，通过 100% PWM 信号控制 13.5 V 的 LED 白色部分。在同时启动转向信号灯时，将关闭日间行车灯。

在驻车灯功能下，PWM 信号将减少 10%，因此 LED 变暗。在同时启动转向信号灯时，则交替启动驻车灯和转向信号灯。

三、LED 后尾灯

尾灯中一些 LED 和 LED 段位重复用于照明功能。

尾灯的照明使用下述照明段位（见图 6-19）：

(1) 固定部分和行李厢盖部分中的光导体（2 个 LED，每部分 1 个）；
(2) 固定部分内的横向 LED 灯组（8 个 LED）；
(3) 行李厢盖部分内的横向 LED 灯组（8 个 LED）；

如果尾灯转换到转向信号灯模式，则尾灯的下述段位继续亮起：

(1) 固定部分内的光导体和行李厢盖部分（2 个 LED，每部分 1 个）（见图 6-20）；
(2) 行李厢盖部分内的 LED 灯组（8 个 LED）对应转向信号灯（见图 6-21），现在尾灯固定部分内的 12 个转向信号灯 LED 亮起。

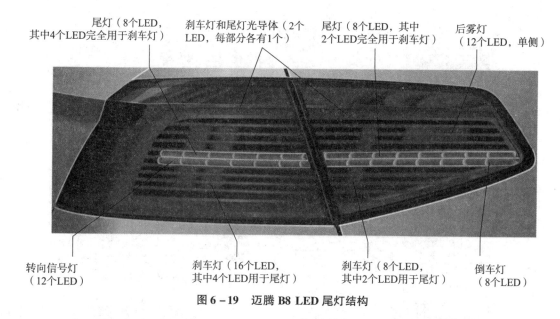

图 6-19 迈腾 B8 LED 尾灯结构

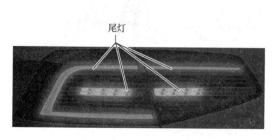

图 6-20 迈腾 B8 LED 尾灯光束

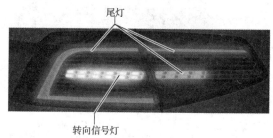

图 6-21 迈腾 B8 LED 尾灯带转向信号灯的光束

对于带有或没有尾灯的示宽灯，固定部分和行李厢盖部分内的光导体亮起（2 个 LED，每部分 1 个），同时下述段位亮起：

（1）固定部分中的 2 个纵列灯组（16 个 LED，其中 4 个变暗的 LED 也用于尾灯），如图 6-22 所示。

（2）行李厢盖中的 1 个纵列灯组（8 个 LED，其中 2 个变暗的 LED 也用于尾灯），如图 6-23 所示。

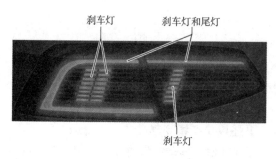

图 6-22 迈腾 B8 LED 示宽灯，带有或没有尾灯的光束

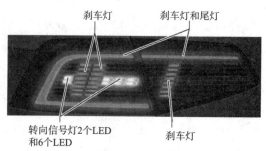

图 6-23 迈腾 B8 LED 示宽灯，带有或没有尾灯和转向信号灯

四、迈腾 B8 示宽灯系统工作过程

从迈腾 B8 外部示宽灯控制电路图（见图 6-24）可以看出，灯光旋转开关旋至示宽灯位置时，灯光旋转开关模块接收到示宽灯开启信号，模块将接收到的模拟电压信号转换为数字信号，通过开关 LIN 数据线将此信号发送至车载电网控制单元 J519。

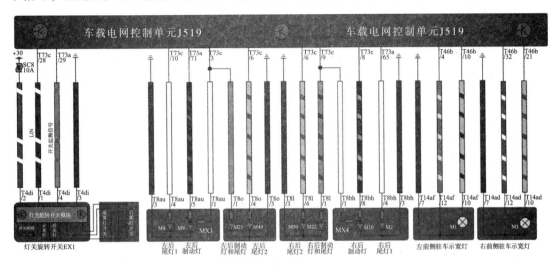

图 6-24 迈腾 B8 外部示宽灯控制电路

控制单元 J519 接收到此信号后，进行以下操作。其车内氛围灯照明电路原理如图 6-25 所示。

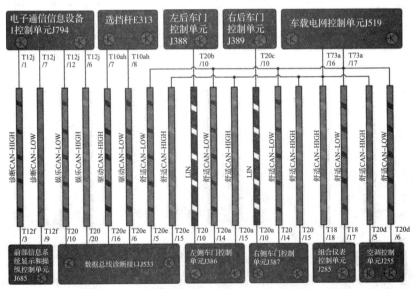

图 6-25 迈腾 B8 车内氛围灯照明电路原理

（1）分别接通左前、右前、左后、右后示宽灯控制信号，所有示宽灯点亮。

（2）控制单元 J519 将此信号通过舒适 CAN 总线发送至组合仪表控制单元 J285、左侧车门控制单元 J386、右侧车门控制单元 J387、空调控制单元 J255，这些控制单元接收到此信

号后接通开关或面板上的照明灯。

左侧车门控制单元 J386、右侧车门控制单元 J387 通过各自的 LIN 局域网将示宽灯开启信号传至左后车门控制单元 J388、右后车门控制单元 J389，后门控制单元分别接通各自开关上的照明指示灯。

（3）控制单元 J519 将信号通过舒适 CAN 总线发送至数据总线诊断接口 J533，诊断接口 J533 将数据处理后，通过信息娱乐系统 CAN 总线发送至前部信息系统显示和操纵控制单元 J685，控制单元 J685 点亮面板上的照明灯。

（4）控制单元 J519 将信号通过舒适 CAN 总线发送至数据总线诊断接口 J533，诊断接口 J533 将数据处理后，通过驱动 CAN 总线发送至选挡杆 E313 控制单元，E313 控制单元点亮面板上的照明灯。

五、前部示宽灯控制的检查

因为前部左右两侧示宽灯及电路检查的方法基本一致，所以，此处仅讲述右前示宽灯 M3 及其电路的检查和测量。

由于该灯和右前转向灯等合用搭铁线路，所以在诊断时应考虑右前转向灯的工作状况，如果合用搭铁的两个灯均工作异常，说明搭铁线路故障的概率较高；如果只是右前示宽灯 M3 工作异常，则暂时不考虑搭铁线路故障。此处针对只有右前示宽灯 M3 工作异常的故障诊断进行介绍。

从图 6-26 所示迈腾 B8 示宽灯控制电路原理图可以看出，为了更好地监测和控制左前、右前示宽灯的开启和关闭，左前、右前示宽灯电源均由车载电网控制单元 J519 提供并控制。

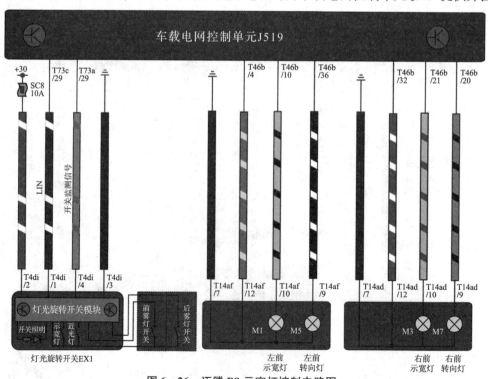

图 6-26 迈腾 B8 示宽灯控制电路图

右前示宽灯 M3 的控制由 J519 通过其 T46b/21 端子与右前示宽灯 T14ad/10 之间的线路给右前示宽灯 M3 提供电源,再通过右前端子 T14ad/7 管脚搭铁构成回路,点亮右前示宽灯 M3。

右前示宽灯的常见故障,如表 6-6 所示。

表 6-6　右前示宽灯点亮异常的常见故障

序号	故障性质
1	M3 的 LED 或卤素灯灯泡断路
2	M3 的供电线路断路
3	M3 的供电线路虚接
4	M3 的供电线路对地短路
5	车载电网控制单元 J519 局部损坏（示宽灯控制）

任务四　制动灯系统

一、制动灯结构组成

迈腾 B8 制动灯控制系统通过车载电网控制单元 J519 集中控制,系统包含以下元器件（见图 6-27）:

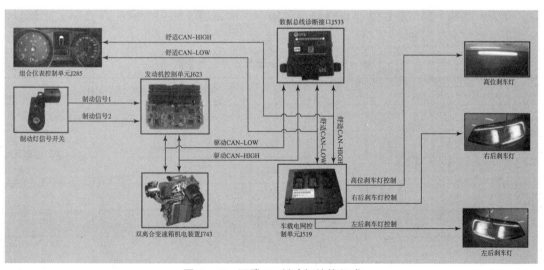

图 6-27　迈腾 B8 制动灯结构组成

(1) 制动灯信号开关;
(2) 发动机控制单元 J623;
(3) 数据总线诊断接口 J533;
(4) 组合仪表控制单元 J285;
(5) 车载电网控制单元 J519;

(6) 左后刹车灯、右后刹车灯;

(7) 高位制动灯（高位刹车灯）。

1. 霍尔式制动开关

迈腾 B8 制动开关采用霍尔式信号开关，它安装在制动主缸上，开关内部电路板上设计有两个霍尔芯片，制动主缸采用铸铝材料，在主缸活塞上设计一个永久磁性环，作为信号触发器。

踩下制动踏板时，活塞沿图 6-28 中箭头方向移动，永久磁性环（信号触发器）切割开关内部电路板上霍尔芯片的磁感应线，从而产生感应信号。车载电网控制单元利用该信号控制制动灯的点亮或熄灭。

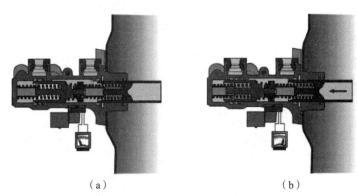

图 6-28 迈腾 B8 制动灯开关工作原理

(a) 未踩制动时；(b) 踩下制动时

开关内部两个霍尔芯片以实现双路信号输出，两路信号的切变点位移差小于 0.5 mm，两路信号分别为常闭和常开信号，如表 6-7 所示。

表 6-7 迈腾 B8 制动灯开关信号逻辑

行程/mm	BLS	EMS
0	L	H
2.5	H	L
5	H	L
10	H	L
20	H	L
40	H	L

注意：BLS—常开信号；EMS—常闭信号。

2. LED 尾灯

迈腾 B8 制动灯（见图 6-29）采用高亮度的发光二极管支撑，一方面可以节省电量，另一方面可以提高亮度，以达到更好的警示目的。

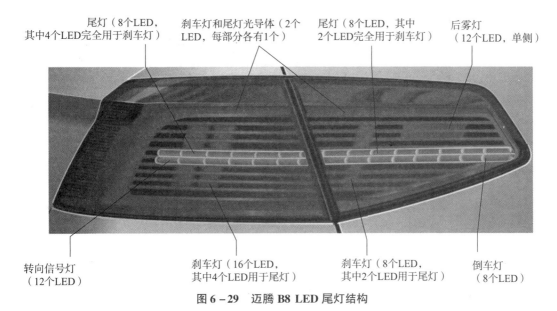

图 6-29 迈腾 B8 LED 尾灯结构

发光二极管简称 LED，由含镓（Ga）、砷（As）、磷（P）、氮（N）等的化合物制成。当电子与空穴复合时能辐射出可见光，因而可以用来制成发光二极管。在电路及仪器中作为指示灯，或者组成文字或数字显示。砷化镓二极管发红光，磷化镓二极管发绿光，碳化硅二极管发黄光，氮化镓二极管发蓝光。

发光二极管可分为普通单色发光二极管、高亮度发光二极管、超高亮度发光二极管、变色发光二极管、闪烁发光二极管、电压控制型发光二极管、红外发光二极管和负阻发光二极管等。贴片式 LED 如图 6-30 所示，普通 LED 如图 6-31 所示。

图 6-30 贴片式 LED（超高亮）

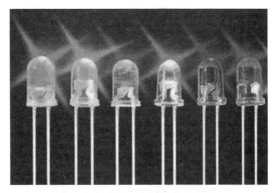

图 6-31 普通 LED

超高亮 LED 可以做成汽车的近光、远光、制动、行车和转向灯等，也可用于仪表照明和车内照明，它在耐振动、省电及长寿命方面比白炽灯有明显的优势。用作制动灯时，它的响应时间为 60 ns，比白炽灯或普通 LED 的 140 ms 要短许多，在典型的高速公路上行驶，会增加 4~6 m 的安全距离。

尾灯中一些 LED 和 LED 段位重复用于照明功能。

对于带有或没有尾灯的制动灯（见图 6-32），固定部分和行李厢盖部分内的光导体亮起（2 个 LED，每部分 1 个）。同时下述段位亮起：

图 6-32 迈腾 B8 LED 制动灯，带有或没有尾灯的光束

（1）固定部分中的 2 个纵列灯组（16 个 LED，其中 4 个变暗的 LED 也用于尾灯）；

（2）行李厢盖中的 1 个纵列灯组（8 个 LED，其中 2 个变暗的 LED 也用于尾灯）。

制动灯亮起时，如图 6-33 所示。转向信号灯具有 8 个 LED。2 个纵列中的 4 个 LED 用于制动灯。

图 6-33 迈腾 B8 LED 制动灯，带有或没有尾灯和转向信号灯

二、迈腾 B8 制动灯系统工作过程

从迈腾 B8 制动灯控制电路图（见图 6-34）可以看出，当踩下制动踏板时，发动机控制单元 J623 检测到制动灯开关两个霍尔芯片发出的两个制动踏板状态信号，发动机控制单元 J623 通过驱动数据总线将这一数据信息发送至双离合变速箱机电装置 J743、数据总线诊断接口 J533。

数据总线诊断接口 J533 将数据处理后，通过舒适数据总线将这一数据信息发送至车载电网控制单元 J519、组合仪表控制单元 J285。组合仪表控制单元 J285 接收到此信息后控制仪表上制动踏板状态指示灯熄灭；J519 接收到此消息后，分别接通左后、右后以及高位制动灯总成中的 LED 电源，LED（制动灯）点亮。

三、制动灯的控制检查

因为左右两侧制动灯及电路检查的方法基本一致，所以，此文仅讲述右后制动灯 M22 及其电路的检查和测量。

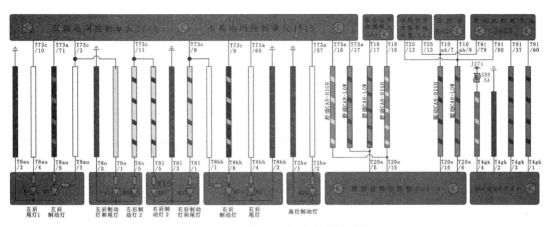

图 6-34 迈腾 B8 制动灯控制电路图

迈腾 B8 制动灯和后尾（示宽）灯采用同一电路进行控制，以右后制动灯为例，M22 既可以作为制动灯，也可以作为后尾灯，同时 M22 和 M50 合用一个搭铁线路，M10 和 M22 合用一个控制电路。所以在诊断时应考虑 M10、M50 的工作状况，如果合用搭铁或合用控制信号电路的两个灯泡均工作异常，说明搭铁或信号电路故障的概率较高；如果只是右后制动灯 M22 工作异常，则暂时不考虑搭铁和信号电路故障。此处仅针对只有右后制动灯 M22 工作异常的故障诊断进行讲述。

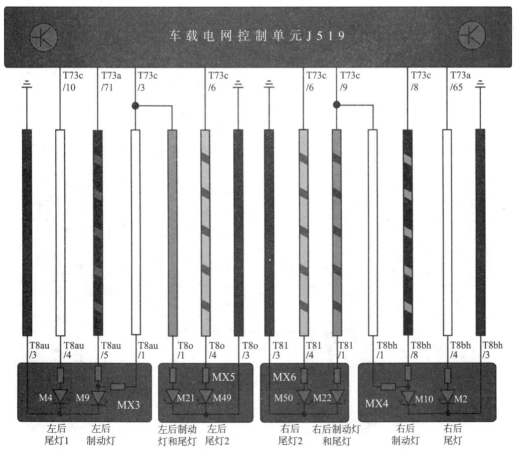

图 6-35 迈腾 B8 尾灯及制动灯控制电路图

右后侧制动灯 M22 的控制检查：

从以上迈腾 B8 制动灯控制电路原理图上可以看出，为了更好地监测和控制左后、右后制动灯的开启和关闭，左后、右后制动灯电源均由车载电网控制单元 J519 提供并控制。且右后制动灯 M22 控制由 J519 的 T73c/9 端子输出，至右后侧 T81/1，给右后制动灯 M22 提供电源，M22 通过右后侧端子 T81/3 管脚搭铁构成回路（见图 6 – 35），点亮右后制动灯 M22。

右后制动灯 M22 的常见故障，如表 6 – 8 所示。

表 6 – 8 右后制动灯 M22 点亮异常的常见故障

序号	故障性质
1	M22 的 LED 灯泡损坏
2	M22 的供电线路断路
3	M22 的供电线路虚接
4	M22 的供电线路对地短路
5	车载电网控制单元 J519 局部损坏（制动灯控制）

任务五 转向灯、警告灯系统

一、迈腾 B8 转向灯、警告灯结构组成

迈腾 B8 转向灯、警告灯控制系统通过车载电网控制单元 J519 集中控制，系统包含转向/变光开关、警告灯开关、左前转向灯、右前转向灯、左后转向灯、右后转向灯、左侧后视镜转向灯、右侧后视镜转向灯、数据总线诊断接口 J533、组合仪表控制单元 J285、车载电网控制单元 J519、转向柱电子装置控制单元 J527、驾驶员侧（左前）车门控制单元 J386、副驾驶员侧（右前）车门控制单元 J387 等元器件，且转向灯和警告灯公用灯体，如图 6 – 36 所示。

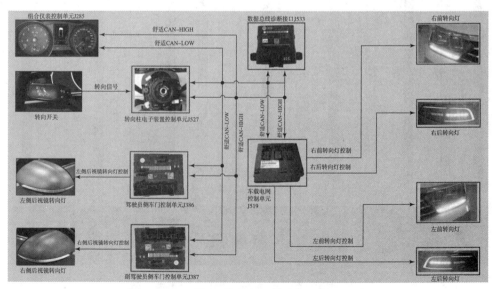

图 6 – 36 迈腾 B8 转向灯（警告灯）结构组成

1. 迈腾 B8 转向灯开关

转向开关安装在转向柱上部左侧方向盘下部的位置，如图 6-37 所示。

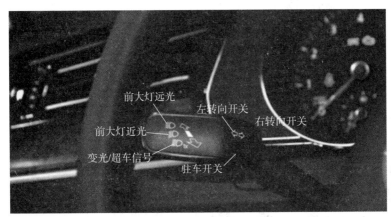

图 6-37 迈腾 B8 转向灯开关

从迈腾 B8 转向灯开关工作原理图（见图 6-38）可以看出，迈腾 B8 转向开关、变光开关和驾驶辅助系统操作按钮为一体。开关之间使用内部连接线束和转向柱电子装置控制单元 J527 相连。

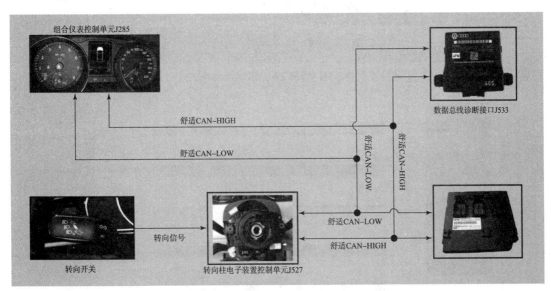

图 6-38 迈腾 B8 转向灯开关工作原理图

开关操作：

（1）打开点火开关至 ON 挡，向前拨动转向开关，接通开关内部右转向灯触点，随即转向柱电子装置控制单元 J527 接收到右转向灯开启的模拟信号，控制单元 J527 将这个模拟信号转换为数字信号，通过舒适系统 CAN 总线将数据发给车载电网控制单元 J519 和组合仪表控制单元 J285。

（2）打开点火开关至 ON 挡，向后拨动转向开关，接通开关内部左转向灯触点，随即转向柱电子装置控制单元 J527 接收到左转向灯开启的模拟信号，控制单元 J527 将这个模拟信号转换为数字信号,通过舒适系统 CAN 总线将数据发给车载电网控制单元 J519 和组合仪表控制单元 J285。

2. 迈腾 B8 危险警告灯开关

危险警告灯,俗称为"双蹦",是一种提醒其他车辆与行人注意本车发生了特殊情况的信号灯。在驾车过程中遇到浓雾时,能见度低于 100 m 时,由于视线不好,不但应该开启前、后防雾灯,还应该开启危险报警闪光灯,以提醒过往车辆及行人的注意,特别是后方行驶的车辆,保持应有的安全距离和必要的安全车速,避免紧急刹车引起追尾。

迈腾 B8 危险警告灯开关位于仪表台中部,如图 6-39 所示。开关之间使用连接线束与车载电网控制单元 J519 接通,如图 6-40 所示。

图 6-39 迈腾 B8 危险警告灯开关

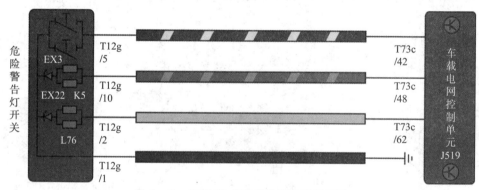

图 6-40 迈腾 B8 危险警告灯电路原理图

开关操作:

任何时候按下危险警告灯开关,开关内部触点接通,随即车载电网控制单元 J519 就可接收到危险警告灯开关开启的模拟信号,控制单元 J519 控制危险警告灯开关上的危险警告指示灯闪烁;同时,控制单元 J519 将这个模拟信号转换为数字信号,通过舒适系统 CAN 总线将数据传递给组合仪表控制单元 J285。其工作原理图如图 6-41 所示。

迈腾 B8 为了节省电能以及增加警告灯的亮度,左、右转向警示灯均采用 LED(发光二极)模块照明的方式。

迈腾 B8 转向灯、危险警告灯工作过程:

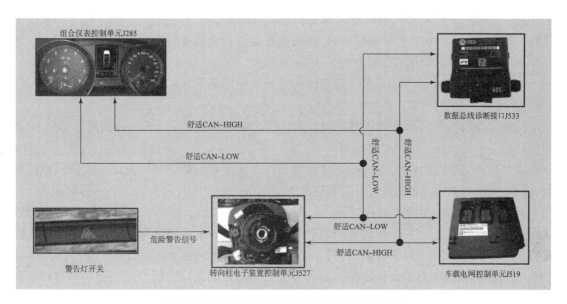

图 6-41　迈腾 B8 危险警告灯开关工作原理图

（1）打开点火开关至 ON 挡，向前拨动转向开关，接通开关内部右转向灯触点，随即转向柱电子装置控制单元 J527 接收到右转向灯开启的模拟信号，控制单元 J527 将这个模拟信号转换为数字信号，通过舒适系统 CAN 总线将数据发给车载电网控制单元 J519、组合仪表控制单元 J285、副驾驶员侧车门控制单元 J387，如图 6-42 所示。

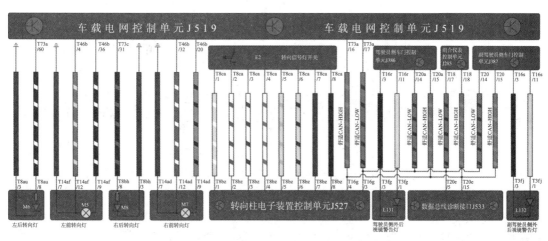

图 6-42　迈腾 B8 转向灯控制电路图

①车载电网控制单元 J519 接收到右转向灯开启的模拟信号后，接通右前转向灯和右后转向灯。

②组合仪表控制单元 J285 通过舒适数据总线接收到此信号后，点亮控制单元 J285 内部的右转向指示灯，以提示驾驶员转向。

③副驾驶员侧车门控制单元 J387 通过舒适数据总线接收到此信号后，点亮右侧后视镜上的右转向指示灯来提醒行人以及外部车辆。

（2）打开点火开关至 ON 挡，向后拨动转向开关，接通开关内部左转向灯触点，随即转向柱电子装置控制单元 J527 接收到左转向灯开启的模拟信号,控制单元 J527 将这个模拟信号转换为数字信号,通过舒适系统 CAN 总线将数据发给车载电网控制单元 J519、组合仪表控制单元 J285、驾驶员侧车门控制单元 J386。

①车载电网控制单元 J519 接收到左转向灯开启的模拟信号后,接通左前转向灯和左后转向灯。

②组合仪表控制单元 J285 通过舒适数据总线接收到此信号后,点亮控制单元 J285 内部的左转向指示灯,以提示驾驶员转向。

③驾驶员侧车门控制单元 J386 通过舒适数据总线接收到此信号后,点亮左侧后视镜上的左转向指示灯来提醒行人以及外部车辆。

(3) 任何时候按下危险警告灯开关,开关内部触点接通,随即车载电网控制单元 J519 就可接收到危险警告灯开关开启的模拟信号,控制单元 J519 控制危险警告灯开关上的危险警告指示灯闪烁;同时,控制单元 J519 将这个模拟信号转换为数字信号,通过舒适系统 CAN 总线将数据传递给组合仪表控制单元 J285、驾驶员侧车门控制单元 J386、副驾驶员侧车门控制单元 J387,如图 6-43 所示。

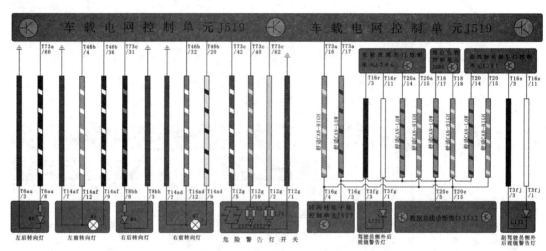

图 6-43 迈腾 B8 警告灯控制电路图

①车载电网控制单元 J519 接收到危险警告灯开关开启的模拟信号后,接通左前、左后、右前、右后转向灯。

②组合仪表控制单元 J285 通过舒适数据总线接收到此信号后,点亮控制单元 J285 内部的左转、右转向指示灯,提示驾驶员危险警告灯状态。

③驾驶员侧车门控制单元 J386、副驾驶员侧车门控制单元 J387 通过舒适数据总线接收到此信号后,点亮左、右两侧后视镜上的转向指示灯来提醒行人以及外部车辆。

注意:在以上灯光启动的时候,车载电网控制单元 J519 实时监测控制线路上的电压或电流,如果线路上的电压或电流异常,控制单元将记忆相对应的故障代码或在仪表中提示,同时转向灯闪烁频率将改变。

二、前转向灯控制的检查

因为车辆前部的左右两侧转向灯及电路检查的方法基本一致,所以,此处仅讲述左前转向灯 M5 及其电路的检查和测量。

由于该灯泡和近光灯、远光灯合用搭铁线路，所以在诊断时应考虑近光灯、远光灯的工作状况，如果合用搭铁的两个灯泡均工作异常，说明搭铁线路故障的概率较高；如果只是转向灯泡工作异常，则暂时不考虑搭铁线路故障。此处所讲仅针对只有转向灯工作异常的故障诊断。

从迈腾 B8 前转向灯控制电路原理图（见图 6-44）可以看出，为了更好地监测和控制左、右灯光的开启和关闭，左、右前转向灯电源由车载电网控制单元 J519 控制。

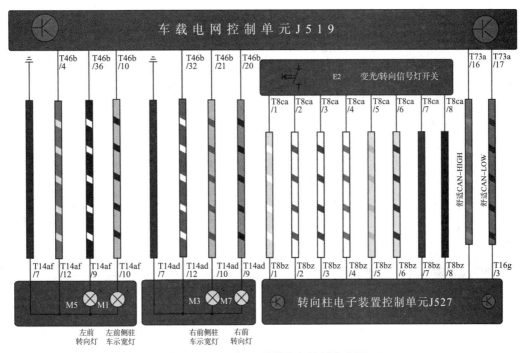

图 6-44 迈腾 B8 前转向灯控制电路图

左前转向灯 M5 控制由 J519 通过其 T46b/36 端子和左前转向灯 T14af/9 之间的电路给左前转向灯 M5 提供电源，再通过左前转向灯端子 T14af/7 管脚搭铁构成回路，点亮左前转向灯 M5。

针对左前转向灯点亮异常的常见故障，如表 6-9 所示。

表 6-9 左前转向灯点亮异常的常见故障

序号	故障性质
1	M5 的 LED 灯泡损坏
2	M5 的供电线路断路
3	M5 的供电线路虚接
4	M5 的供电线路对地短路
5	车载电网控制单元 J519 局部损坏（前转向灯控制）

三、后转向灯控制的检查

因为车辆后部的左右两侧转向灯及电路检查的方法基本一致,所以,此处仅讲述左后转向灯 M6 及其电路的检查和测量。

由于该灯和制动灯合用搭铁线路,所以在诊断时应考虑制动灯的工作状况,如果合用搭铁的两个灯均工作异常,说明搭铁线路故障的概率较高;如果只是转向灯工作异常,则暂时不考虑搭铁线路故障。此处所讲仅针对只有转向灯工作异常的故障诊断。

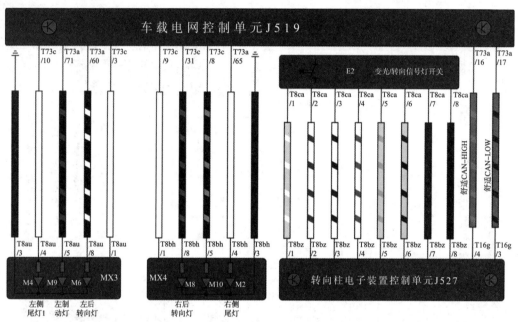

图 6-45 迈腾 B8 后转向灯控制电路图

左后转向灯控制的检查:

从迈腾 B8 后转向灯控制电路原理图可以看出,为了更好地监测和控制左、右侧转向灯的开启和关闭,左、右侧后转向灯电源均由车载电网控制单元 J519 提供并控制。

左后转向灯 M6 控制是由 J519 通过其 T73a/60 端子至左后转向灯 T8au/8 之间的线路给左后转向灯 M6 提供正极电源,再通过左后转向灯端子 T8au/3 管脚搭铁构成回路,点亮左后转向灯 M6。

针对左后转向灯点亮异常的常见故障,如表 6-10 所示。

表 6-10 左后转向灯点亮异常的常见故障

序号	故障性质
1	M6 的 LED 灯泡损坏
2	M6 的供电线路断路
3	M6 的供电线路虚接
4	M6 的供电线路对地短路
5	车载电网控制单元 J519 局部损坏(后转向灯控制)

项目小结

（1）迈腾 B8 远光灯控制系统通过车载电网控制单元 J519 集中控制，系统包含灯光旋转开关、车灯变光开关、左前大灯总成、右前大灯总成、转向柱电子装置控制单元 J527、数据总线诊断接口 J533、组合仪表控制单元 J285、车载电网控制单元 J519 等元器件。

（2）灯光旋转开关旋至近光灯位置时，变光开关向下按动，开关内部接通远光灯控制触点，随即转向柱电子装置控制单元 J527 接收到远光灯开启的模拟信号，控制单元 J527 将这个模拟信号转换为数字信号，通过舒适系统 CAN 总线将数据发给车载电网控制单元 J519 和组合仪表控制单元 J285。

①控制单元 J519 接收到此信号后，分别接通左前、右前远光灯控制信号，所有远光灯点亮。

②组合仪表控制单元 J285 接收到此信号后，点亮仪表上的远光指示灯，提示驾驶员灯光状态。

（3）灯光旋转开关旋至示宽灯位置时，灯光旋转开关模块接收到示宽灯开启信号，模块将接收到的模拟电压信号转换为数字信号，通过开关 LIN 数据线将此信号发送至车载电网控制单元 J519。控制单元 J519 接收到此信号后，进行以下操作：

①分别接通左前、右前、左后、右后示宽灯控制信号，所有示宽灯点亮。

②控制单元 J519 将此信号通过舒适 CAN 总线发送至组合仪表控制单元 J285、左前车门控制单元 J386、右前车门控制单元 J387、空调控制单元 J255，这些控制单元接收到此信号后接通开关或面板上的照明灯。左前车门控制单元 J386、右前车门控制单元 J387 通过各自的 LIN 局域网将示宽灯开启信号传至左后车门控制单元 J388、右后车门控制单元 J389，后门控制单元分别接通各自开关上的照明指示灯。

③控制单元 J519 将信号通过舒适 CAN 总线发送至数据总线诊断接口 J533，诊断接口 J533 将数据处理后，通过信息娱乐系统 CAN 总线发送至前部信息系统显示和操纵控制单元 J685，控制单元 J685 点亮面板上的照明灯。

④控制单元 J519 将信号通过舒适 CAN 总线发送至数据总线诊断接口 J533，诊断接口 J533 将数据处理后，通过驱动系统 CAN 总线发送至选挡杆 E313 控制单元，E313 控制单元点亮面板上的照明灯。

习题与思考

1. 迈腾 B7 与 B8 在开关信号输入上有什么不同？请在查阅电路图的基础上，进行简要分析，并说明 B8 的开关信号控制的优点。
2. 迈腾 B8 灯光系统在舒适版、豪华版、旗舰版上有什么不同，在控制逻辑上有什么区别？
3. 请简述迈腾 B8 的 J527 控制单元对转向灯的影响。
4. 警告灯的开启对舒适系统的激活有影响吗？
5. 制动灯开启的条件有哪些？
6. 请画出室内灯光系统简图。

项目七
汽车舒适系统

- 掌握玻璃升降系统的结构组成；
- 掌握各个车门玻璃升降的运行原理；
- 掌握门锁系统的运行原理；
- 掌握玻璃升降的检测过程及步骤；
- 掌握门锁系统的检测过程及步骤。

任务一 玻璃升降器控制系统

一、迈腾 B8 玻璃升降器控制运行原理

1. 迈腾 B8 玻璃升降器结构组成

迈腾 B8 玻璃升降器通过各控制单元控制，如图 7-1 所示，其整体系统包含以下元器件和控制单元：车载电网控制单元 J519、遥控钥匙、数据总线诊断接口 J533、进入及起动系统接口 J965、车门控制单元（4 个）、玻璃升降器电机（4 个）、玻璃升降器开关（4 个）。

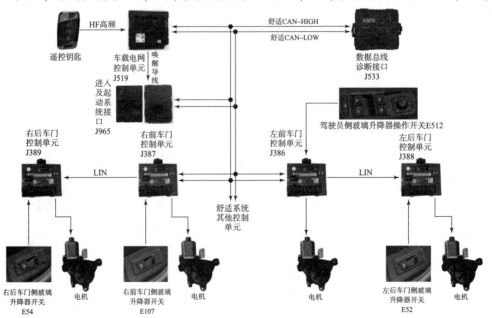

图 7-1 迈腾 B8 玻璃升降器结构组成

驾驶员侧玻璃升降器操作开关 E512，如图 7-2 所示。

迈腾 B8 驾驶员侧玻璃升降器操作开关 E512 电路原理图如图 7-3 所示，其包含以下控制元件：

（1）左前玻璃升降器控制开关；
（2）右前玻璃升降器控制开关；
（3）左后玻璃升降器控制开关；
（4）右后玻璃升降器控制开关；
（5）儿童安全锁按钮；
（6）后视镜调节、转换开关。

注意：本节只介绍玻璃升降器控制和儿童锁控制。

图 7-2　迈腾 B8 驾驶员侧玻璃升降器操作开关 E512

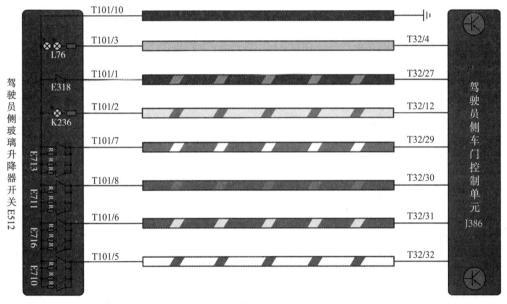

图 7-3　迈腾 B8 驾驶员侧玻璃升降器操作开关 E512 电路原理图

玻璃升降器控制开关：

为了减少普通线路连接数量，迈腾 B8 玻璃升降器控制开关采用分压方式，将通常的 4 根信号线（上升、自动上升、下降、自动下降）采用一根信号线输出。

迈腾 B8 玻璃升降器开关内部装有不同的电阻，操作开关在不同的挡位（上升、自动上升、下降、自动下降）时，通过开关内部分压电阻将信号线输出电压改变，控制单元将这些输入的信号电压和控制单元内部预先存储的玻璃升降器图谱动作数据（上升、自动上升、下降、自动下降）电压进行对比，如果与哪一个图谱动作数据电压对比成功，将控制玻璃升降器相应动作（上升、自动上升、下降、自动下降）。

玻璃升降器锁止开关：

按下驾驶员侧玻璃升降器操作开关 E512 上的玻璃升降器锁止开关，驾驶员侧车门控制单元 J386 检测到开关开启信号，控制单元 J386 将这个模拟信号转换为数字信号，通过 LIN 局域网发送给左后车门控制单元 J388，控制单元 J388 将停止左后车门玻璃升降电机动作，左后车门玻璃将无法上升或下降。同时，控制单元 J386 将数字信号通过 CAN 局域网发送给右前车门控制单元 J387，控制单元 J387 通过 LIN 局域网发送给右后车门控制单元 J389，控制单元 J389 将停止右后车门玻璃升降电机动作，右后车门玻璃将无法上升或下降。

注意：玻璃升降器锁止开关开启后，驾驶员侧玻璃升降器操作开关 E512 还可以继续控制两个后门玻璃动作。

2. 右前、左后、右后玻璃升降器操作开关（见图 7-4）

迈腾 B8 右前侧、右后侧、左后侧玻璃升降器开关为单体开关，只控制相对应的车门

图 7-4 迈腾 B8 右前、左后、右后玻璃升降器操作开关

侧玻璃升降器动作，其结构原理如图 7-5、图 7-6、图 7-7 所示，和驾驶员侧玻璃升降器操作开关 E512 一样，也是采用分压电阻。

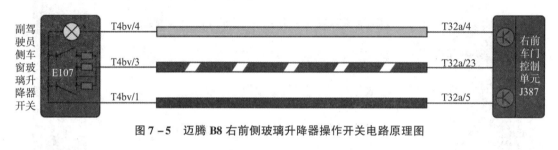

图 7-5 迈腾 B8 右前侧玻璃升降器操作开关电路原理图

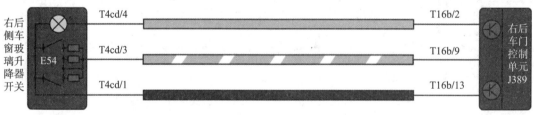

图 7-6 迈腾 B8 右后侧玻璃升降器操作开关电路原理图

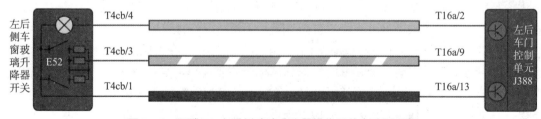

图 7-7 迈腾 B8 左后侧玻璃升降器操作开关电路原理图

3. 儿童安全锁按钮 E318（见图 7-8）

儿童安全锁按钮是为保证乘车儿童安全的一种主动安全装置，防止车辆行驶过程中儿童开启车窗产生的危险。儿童安全锁按钮锁止情况下，只有驾驶员侧控制开关才能控制所有后门玻璃车窗，所有后门上的玻璃车窗玻璃升降器开关无法控制对应的玻璃车窗。

4. 玻璃升降器电机（见图 7-9）

图 7-8　迈腾 B8 儿童安全锁按钮 E318

图 7-9　迈腾 B8 玻璃升降器电机

迈腾 B8 玻璃升降器电机从上一代的控制模块、电机为一体的结构中将电机分离出来，采用单独控制，这使得玻璃升降器机械结构有了更多的布局结构设计。

玻璃升降器电机采用直流永磁电机，电机的定子上安装有固定的主磁极和电刷，转子上安装有电枢绕组和换向器。直流电源的电能通过电刷和换向器进入电枢绕组，产生电枢电流，电枢电流产生的磁场与主磁场相互作用产生电磁转矩，使电机旋转带动负载。

运行时转动的部分称为转子，其主要作用是产生电磁转矩和感应电动势，是直流电机进行能量转换的枢纽，所以通常又称为电枢，由转轴、电枢铁芯、电枢绕组、换向器等组成，如图 7-10 所示。

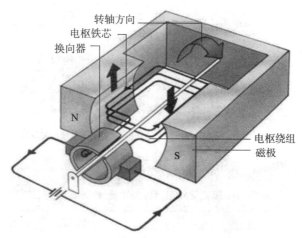
图 7-10　直流碳刷电机结构原理图

迈腾 B8 玻璃升降器电机在控制时，改变电机上的两个电源线方向（+、-），电机的转动方向将改变，随之，车窗玻璃将会在滑道内上升或者下降，如图 7-11 ~ 图 7-14 所示。

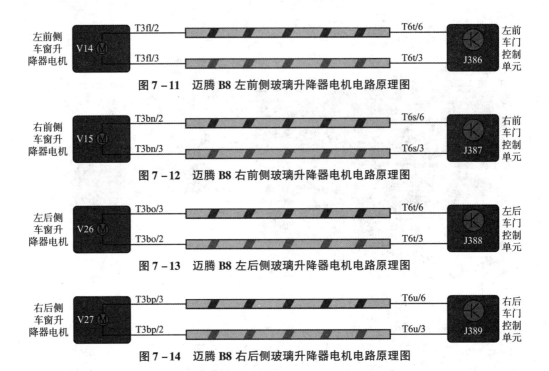

图 7 – 11　迈腾 B8 左前侧玻璃升降器电机电路原理图

图 7 – 12　迈腾 B8 右前侧玻璃升降器电机电路原理图

图 7 – 13　迈腾 B8 左后侧玻璃升降器电机电路原理图

图 7 – 14　迈腾 B8 右后侧玻璃升降器电机电路原理图

5. 驾驶员侧车门控制单元 J386（见图 7 – 15）

图 7 – 15　迈腾 B8 驾驶员侧车门控制单元 J386

驾驶员侧车门控制单元 J386 信号输入，如表 7 – 1 所示。

表 7 – 1　驾驶员侧车门控制单元 J386 信号输入

序号	元件	信号
1	玻璃升降器开关	左前玻璃升降器手动、自动上升或下降
		右前玻璃升降器手动、自动上升或下降
		左后玻璃升降器手动、自动上升或下降
		右后玻璃升降器手动、自动上升或下降
		两个后门玻璃升降器动作锁止

续表

序号	元件	信号
2	联锁开关	后车门锁开启、关闭
3	车门接触开关	驾驶员侧车门状态（开或关）
4	中央门锁执行元件	驾驶员侧车门锁机构开启、关闭状态
5	中央门锁执行元件（安全）	驾驶员侧车门锁机构状态
6	车门外把手开关	驾驶员侧车门开启
7	车门外把手接触传感器	进入信号
8	记忆操纵单元（选装）	后视镜位置记忆控制
9	后视镜位置传感器（选装）	后视镜位置记忆
10	行李厢开启开关 E164	后行李厢开启
11	油箱盖开启开关 E204	油箱盖开启
12	儿童安全锁按钮 E254	后车门儿童安全锁开启
13	后视镜调节转换开关 E48	后视镜左右调节选择
14	后视镜调节开关 E43	单侧后视镜左、右、上、下调节
15	后视镜收折开关 E168	后视镜折叠收起
16	车外后视镜加热按钮 E231	车外后视镜加热
17	转向开关信号	左转向信号

驾驶员侧车门控制单元 J386 功能控制，如表 7-2 所示。

表 7-2 驾驶员侧车门控制单元 J386 功能控制

序号	元件	动作
1	左前玻璃升降器	左前玻璃手动、自动上升或下降
	右前玻璃升降器	右前玻璃手动、自动上升或下降
	左后玻璃升降器	左后玻璃手动、自动上升或下降
	右后玻璃升降器	右后玻璃手动、自动上升或下降
2	中央门锁执行元件（电机）	车门开启、锁止
3	行李厢电机	行李厢开启、锁止
4	油箱盖电机	油箱盖开启、锁止
5	后视镜调节电机	后视镜左、右、上、下调节
6	后视镜收折电机	后视镜折叠、收起
7	加热式车外后视镜	后视镜加热
8	车门开启照明灯	车门开启照明点亮
9	上车灯	上车灯点亮
10	转向灯开关	后视镜上左转向信号灯闪烁

6. 副驾驶员侧车门控制单元 J387（见图 7-16）

图 7-16　迈腾 B8 副驾驶员侧车门控制单元 J387

副驾驶员侧车门控制单元 J387 信号输入，如表 7-3 所示。

表 7-3　副驾驶员侧车门控制单元 J387 信号输入

序号	元件	信号
1	玻璃升降器开关	右前玻璃升降器手动、自动上升或下降
2	车门接触开关	副驾驶员侧车门状态（开或关）
3	中央门锁执行元件	副驾驶员侧车门锁机构开启、关闭状态
4	中央门锁执行元件（安全）	副驾驶员侧车门锁机构状态
5	车门外把手开关	副驾驶员侧车门开启
6	车门外把手接触传感器	进入信号
7	后视镜位置传感器（选装）	后视镜位置记忆
8	转向开关信号	右转向信号

副驾驶员侧车门控制单元 J387 功能控制，如表 7-4 所示。

表 7-4　副驾驶员侧车门控制单元 J387 功能控制

序号	元件	动作
1	右前玻璃升降器	右前玻璃手动、自动上升或下降
2	中央门锁执行元件（电机）	右前车门开启、锁止
3	后视镜调节电机	后视镜左、右、上、下调节
4	后视镜收折电机	后视镜折叠、收起
5	加热式车外后视镜	后视镜加热
6	车门开启照明灯	车门开启照明点亮
7	上车灯	上车灯点亮
8	转向灯开关	后视镜上右转向信号灯闪烁

7. 后侧车门控制单元 J388、J389（见图 7-17）

图 7-17 迈腾 B8 后侧车门控制单元

左后、右后车门控制单元信号输入，如表 7-5 所示。

表 7-5 左后、右后车门控制单元信号输入

序号	元件	信号
1	玻璃升降器开关	左后、右后车门玻璃升降器上升或下降
2	车门接触开关	左后、右后车门状态（开或关）
3	中央门锁执行元件	左后、右后车门锁机构开启、关闭状态
4	中央门锁执行元件（安全）	左后、右后车门锁机构状态

左后、右后车门控制单元功能控制，如表 7-6 所示。

表 7-6 左后、右后车门控制单元功能控制

序号	元件	动作
1	玻璃升降器	左后、右后玻璃上升或下降
2	中央门锁执行元件（电机）	左后、右后车门开启、锁止
3	车门开启照明灯	车门开启照明点亮
4	上车灯	上车灯点亮
5	后烟灰缸照明灯	烟灰缸照明灯点亮

二、迈腾 B8 玻璃升降器功能及工作过程

（一）迈腾 B8 玻璃升降器的主要功能

(1) 车窗玻璃手动上升；

(2) 车窗玻璃自动上升；

(3) 车窗玻璃手动下降；

(4) 车窗玻璃自动下降；

(5) 儿童安全锁；

(6) 车窗玻璃防夹手。

（二）玻璃升降器的工作过程

1. 驾驶员侧车窗玻璃

驾驶员侧车窗玻璃控制过程，如图 7-18 所示。

图 7-18　迈腾 B8 驾驶员侧车窗玻璃控制过程

驾驶员侧玻璃升降器操作开关在驾驶员侧玻璃升降器操作开关 E512 上，当向上拉动开关至一挡（代表手动上升）、向上拉动开关至二挡（代表自动上升）、向下按动开关至一挡（代表手动下降）、向下按动开关至二挡（代表自动下降），开关就会将电源电压分压后作为信号输出（上、下时电压相反），并输送给驾驶员侧车门控制单元 J386，J386 将模拟信号转变成数字信号，并根据内部的程序控制驾驶员侧玻璃升降器电机的运行。

2. 副驾驶员侧车窗玻璃

(1) 驾驶员侧车窗玻璃升降器操作开关控制，如图 7-19 所示。当操作驾驶员侧玻璃升降器操作开关 E512 上的副驾驶员侧车窗玻璃升降器控制开关时，不管向上拉动开关至一挡（代表手动上升）、向上拉动开关至二挡（代表自动上升）、向下按动开关至一挡（代表手动下降），还是向下按动开关至二挡（代表自动下降），开关都会将电源电压分压后作为信号输出（上、下时电压相反），并输送给驾驶员侧车门控制单元 J386，J386 将模拟信号转变成数字信号，通过舒适 CAN 总线传送给副驾驶员侧车门控制单元 J387，J387 根据内部的程序控制副驾驶员侧玻璃升降器电机的运行。

(2) 副驾驶员侧车窗玻璃升降器操作开关控制（副驾驶员侧门面板），如图 7-20 所示。当操作副驾驶员侧门面板上的车窗玻璃升降器控制开关时，不管向上拉动开关至一挡（代表手动上升）、向上拉动开关至二挡（代表自动上升）、向下按动开关至一挡（代表手动下降），还是向下按动开关至二挡（代表自动下降），开关都会将电源电压分压后作为信号输出（上、下时电压相反），并输送给副驾驶员侧车门控制单元 J387，J387 将模拟信号转变成数字信号，并根据内部的程序控制副驾驶员侧玻璃升降器电机的运行。

3. 左后车窗玻璃

(1) 驾驶员侧车窗玻璃升降器操作开关控制，如图 7-21 所示。当操作驾驶员侧玻璃升降器操作开关 E512 上的左后玻璃升降器控制开关时，不管向上拉动开关至一挡（代表手动上升）、向上拉动开关至二挡（代表自动上升）、向下按动开关至一挡（代表手动下降），

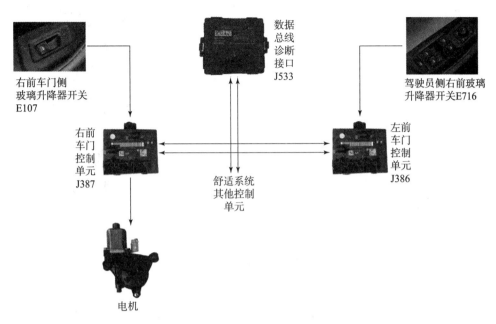

图 7-19 迈腾 B8 驾驶员侧车窗玻璃控制过程（E512 上）

图 7-20 迈腾 B8 副驾驶员侧车窗玻璃控制过程（副驾驶员侧门面板上）

还是向下按动开关至二挡（代表自动下降），开关都会将电源电压分压后作为信号输出（上、下时电压相反），并输送给驾驶员侧车门控制单元 J386，J386 将模拟信号转变成数字信号，通过 LIN 总线传送给左后车门控制单元 J388，J388 根据内部的程序控制左后玻璃升降器电机的运行。

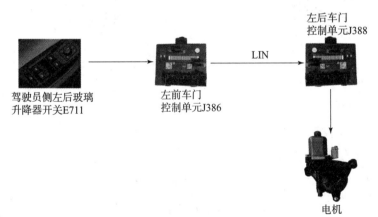

图 7-21 迈腾 B8 左后车窗玻璃控制过程（E512 上）

(2) 左后车窗玻璃升降器操作开关控制（左后车门面板），如图 7-22 所示。当儿童安全锁开关不起作用、操作左后车门面板的车窗玻璃升降器控制开关时，不管向上拉动开关至一挡（代表手动上升）、向上拉动开关至二挡（代表自动上升）、向下按动开关至一挡（代表手动下降），还是向下按动开关至二挡（代表自动下降），开关都会将电源电压分压后作为信号输出（上、下时电压相反），并输送给左后车门控制单元 J388，J388 将模拟信号转变成数字信号，并根据内部的程序控制左后玻璃升降器电机的运行。

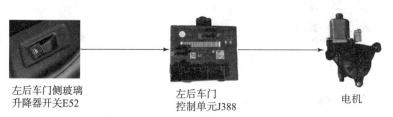

图 7-22　迈腾 B8 左后车窗玻璃控制过程（左后车门面板上）

4. 右后车窗玻璃

（1）驾驶员侧玻璃升降器操作开关控制过程，如图 7-23 所示。当操作驾驶员侧玻璃升降器操作开关 E512 上的右后车窗玻璃升降器控制开关时，不管向上拉动开关至一挡（代表手动上升）、向上拉动开关至二挡（代表自动上升）、向下按动开关至一挡（代表手动下降），还是向下按动开关至二挡（代表自动下降），开关都会将电源电压分压后作为信号输出（上、下时电压相反），并输送给驾驶员侧车门控制单元 J386，J386 将模拟信号转变成数字信号，通过舒适 CAN 总线传送给副驾驶员侧车门控制单元 J387，再通过 LIN 总线传送给右后车门控制单元 J389，J389 根据内部的程序控制右后玻璃升降器电机的运行。

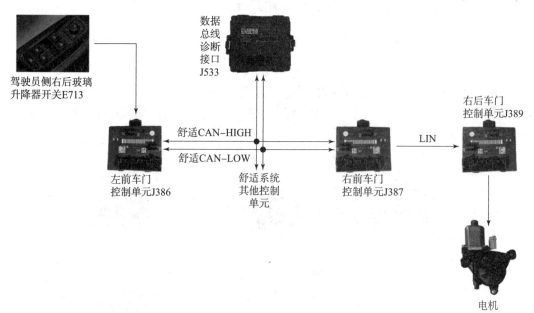

图 7-23　迈腾 B8 右后车窗玻璃控制过程（E512 上）

（2）右后车窗玻璃升降器操作开关（右后车门面板），其控制过程如图 7-24 所示。当儿童安全锁开关不起作用、操作右后车门面板的车窗玻璃升降器控制开关时，不管向上拉动开关至一挡（代表手动上升）、向上拉动开关至二挡（代表自动上升）、向下按动开关至一挡（代表手动下降），还是向下按动开关至二挡（代表自动下降），开关都会将电源电压分压后作为信号输出（上、下时电压相反），并输送给右后车门控制单元J389，J389将模拟信号转变成数字信号，并根据内部的程序控制右后玻璃升降器电机的运行。

图7-24 迈腾B8右后车窗玻璃控制过程（右后车门面板上）

5. 儿童安全锁

儿童安全锁控制过程，如图7-25所示。当操作驾驶员侧玻璃升降器操作开关E512上的儿童安全锁按钮E318时，如果是初次按下E318，代表驾驶员想让所有后车门玻璃动作锁止，如果再次初次按下E318，代表驾驶员想让所有后车门玻璃动作解锁，此时开关就会将不同的电压信号输送给驾驶员侧车门控制单元J386，J386将模拟信号转变成数字信号，一方面通过LIN总线传送给左后车门控制单元J388，J388根据信号指令看是否锁止左后玻璃升降器电机的运行；另一方面通过舒适CAN总线传送给副驾驶员侧车门控制单元J387，再通过LIN总线传送给右后车门控制单元J389，J389根据信号指令看是否锁止右后玻璃升降器电机的运行。

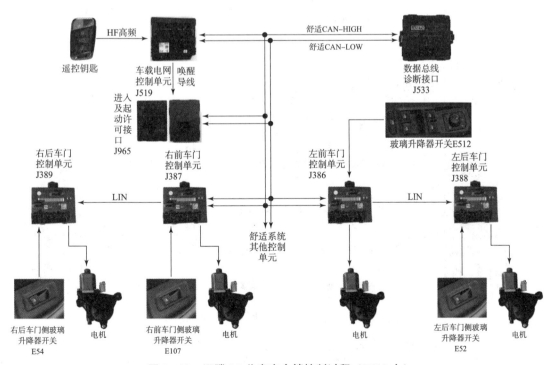

图7-25 迈腾B8儿童安全锁控制过程（E512上）

6. 车窗玻璃防夹手

迈腾 B8 车窗玻璃在手动上升和自动上升过程中都带有防夹手功能。

电动车窗玻璃在上升过程中的阻力变化与车窗玻璃到达终端的阻力不一样,后者的阻力远远大于前者阻力,当玻璃上升过程中,夹住物体,由于阻力增大且变化(电机电流增大和变化),控制单元检测到阻力(电流)增大、变化,立即改变电机控制方向,车窗玻璃立即下降至中间位置。

而车窗玻璃到达终端(顶部或底部)时阻力基本恒定(电机电流恒定),且到达终端时电机电流过载,控制单元检测到这个过载电流后停止电机供电,从而使车窗玻璃完全关闭或打开。

任务二 中控门锁系统及检修

一、中控锁按钮

通过驾驶员侧车内上锁按钮 E308(见图 7-26),可以将中央门锁开锁和闭锁。E308 电路原理如图 7-27 所示。关闭所有车门和行李厢盖时,按钮里的指示灯点亮为黄色,防盗报警装置不会激活,在车外无法打开车门或行李厢盖,例如,因交通信号灯停车时。拉车门开启拉手即可在车内开启车门锁打开车门,但所有车门开关里的指示灯会熄灭。未打开的车门和行李厢盖仍处于闭锁状态,无法自车外打开。

图 7-26 迈腾 B8 驾驶员侧车内上锁按钮 E308

迈腾 B8 车门门锁结构如图 7-28 所示,其内部安装有印制电路板,这些电路板上安装有微动开关,在门锁机械机构动作或门锁控制电机动作时,触发这些微动开关,开关将门锁当前机械状态转换为电信号后被车门控制单元读取。

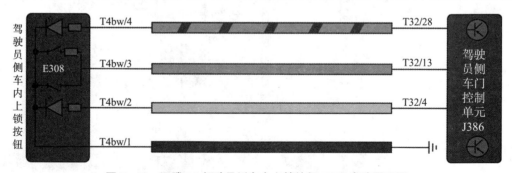

图 7-27 迈腾 B8 驾驶员侧车内上锁按钮 E308 电路原理图

迈腾 B8 车门有 2 种闭锁状态,即安全锁止状态和锁止状态。

1. 安全(SAFE)锁止状态

在安全(SAFE)锁止状态下,从车内及车外均无法打开车门。

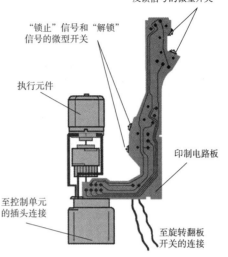

图 7-28 迈腾 B8 车门门锁结构

2. 锁止状态

在锁止状态下,车门无法从车外打开,但可以从车内打开。

通过观察车门上指示灯的点亮情况,判断门锁的闭锁状态,红色 LED 指示灯快速闪亮 2 s 左右,然后慢速闪亮,表示处于"安全锁止"状态;指示灯闪亮 2 s 左右熄灭,30 s 后再次开始闪亮,表示处于"锁止"状态。指示灯持续点亮 30 s,表示中央门锁系统有故障,应尽快进行维修。

二、J386、J387

驾驶员侧车门控制单元 J386 如图 7-29 所示,其车门锁电路原理如图 7-30 所示。

图 7-29 迈腾 B8 驾驶员侧车门控制单元 J386

副驾驶员侧车门控制单元 J387 如图 7-31 所示,其车门锁电路原理如图 7-32 所示。

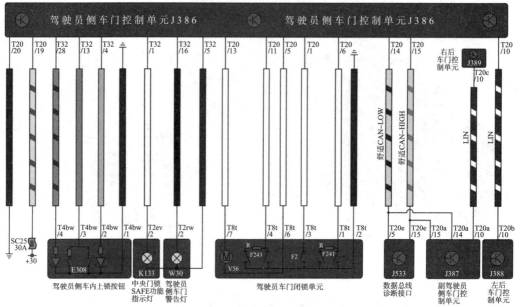

图 7-30　迈腾 B8 驾驶员侧车门锁电路原理图

图 7-31　迈腾 B8 副驾驶员侧车门控制单元 J387

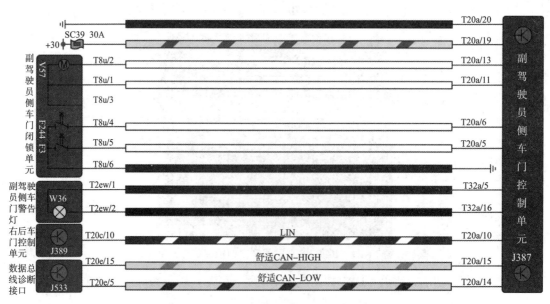

图 7-32　迈腾 B8 副驾驶员侧车门锁电路原理图

后侧车门控制单元 J388、J389，如图 7-33 所示。迈腾 B8 左后侧车门锁电路原理如图 7-34 所示。迈腾 B8 右后侧车门锁电路原理如图 7-35 所示。

图 7-33　迈腾 B8 后侧车门控制单元 J388、J389

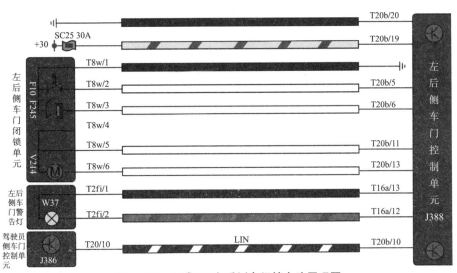

图 7-34　迈腾 B8 左后侧车门锁电路原理图

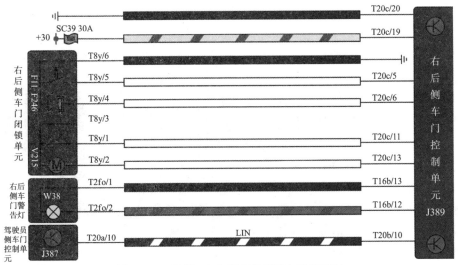

图 7-35　迈腾 B8 右后侧车门锁电路原理图

左后、右后车门控制单元信号输入如表 7-7 所示。

表 7-7 左后、右后车门控制单元信号输入

序号	元件	信号
1	玻璃升降器开关	左后、右后车门玻璃升降器上升或下降
2	车门接触开关	左后、右后车门状态（开或关）
3	SAFE 功能指示灯开关	安全灯警示灯控制
4	中央门锁电机	左后、右后车门锁机构开启、关闭状态
5	车门外把手接触传感器	进入信号
6	中央门锁执行元件（安全）	左后、右后车门锁机构状态
7	右后进入及起动许可天线 R166	进入及起动信号
8	左后进入及起动许可天线 R165	进入及起动信号

左后、右后车门控制单元功能控制，如表 7-8 所示。

表 7-8 左后、右后车门控制单元功能控制

序号	元件	动作
1	玻璃升降器	左后、右后玻璃上升或下降
2	中央门锁执行元件（电机）	左后、右后车门开启、锁止
3	车门开启照明灯	车门开启照明灯点亮
4	上车灯	上车灯点亮
5	后烟灰缸照明灯	烟灰缸照明灯点亮

三、机械钥匙

（1）左前车门（钥匙锁孔）中控开关如图 7-36 所示，其作用是控制门锁开闭。

①使用钥匙顺时针扭转锁芯，机械联动机构带动驾驶员侧锁机构动作，使锁机构中的接触开关 F241 断开，驾驶员侧车门控制单元 J386 接收到开关 F241 的高电位电压后，通过舒适 CAN 总线和 LIN 总线发送车门开锁信息。

②使用钥匙逆时针扭转锁芯，机械联动机构带动驾驶员侧锁机构动作，使锁机构中的接触开关 F241 接通，驾驶员侧车门控制单元 J386 接收到开关 F241 的低电位

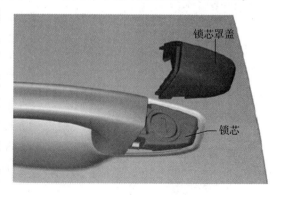

图 7-36 迈腾 B8 驾驶员侧钥匙锁孔

电压后，通过舒适 CAN 总线和 LIN 总线发送车门锁止信息。迈腾 B8 左前侧车门闭锁单元电路原理如图 7-37 所示。

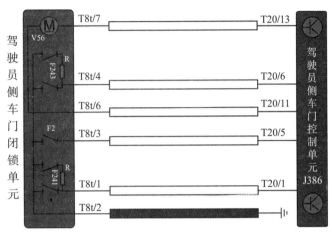

图 7-37　迈腾 B8 左前侧车门闭锁单元电路原理图

（2）驾驶员侧车门上的上锁按钮如图 7-38 所示，其作用是控制门锁开闭。迈腾 B8 驾驶员侧车门上的上锁按钮单元电路原理如图 7-39 所示。

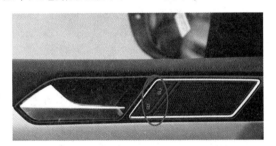

图 7-38　迈腾 B8 驾驶员侧车门上的上锁按钮 E308

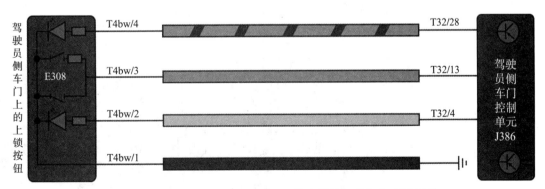

图 7-39　迈腾 B8 驾驶员侧车门上的上锁按钮单元电路原理图

①按压驾驶员侧车门上的上锁按钮 E308 开锁键，驾驶员侧车门控制单元 J386 接收到开关 E308 内部开锁触点返回的分压后的电压，通过舒适 CAN 总线和 LIN 总线发送车门开锁信息。

②按压驾驶员侧车门上的上锁按钮 E308 闭锁键，驾驶员侧车门控制单元 J386 接收到开关 E308 内部闭锁触点返回的分压后的电压，通过舒适 CAN 总线和 LIN 总线发送车门闭

锁信息。

（3）气囊控制单元在车辆发生碰撞时开启所有车门锁，其电路原理如图 7-40 所示。

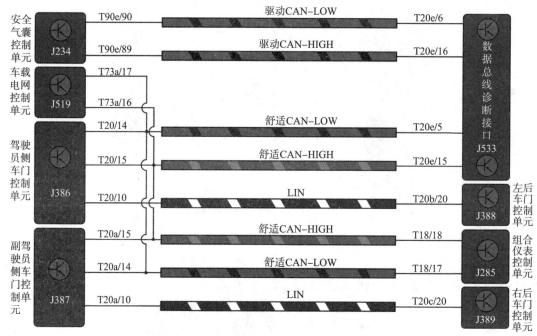

图 7-40　迈腾 B8 安全气囊控制电路原理图

如果车辆在受到撞击后，安全气囊控制单元 J234 检测到撞击传感器发出的撞击信号（电信号）后，安全气囊控制单元 J234 便判断撞击力度，如果力度到达上限后，安全气囊控制单元 J234 接通气囊引爆装置，气囊爆开，保护人身安全。同时安全气囊控制单元 J234 通过驱动 CAN 总线、数据总线诊断接口 J533、舒适 CAN 总线、LIN 数据总线向所有车门控制单元发送车门解锁命令。

四、门锁工作过程

车门接触开关将车门打开时的低电位或关闭时的高电位信号传递给车门控制单元，各车门闭锁单元电路原理如图 7-41 至图 7-44 所示。车门控制单元依次来判断车门是处于开启还是关闭状态，同时通过舒适总线发送给组合仪表，如果车门打开，组合仪表上会显示打开侧车门信息。锁机构在完全闭锁的情况下才能执行开锁和闭锁功能。

车门控制单元检测到车门锁止信息后，控制"锁单元"中的中央门锁电机工作，电机转动，驱动机械机构动作，使门锁的机械机构处于"安全锁止"状态。

中央门锁 SAFE 开关将安全锁止状态（高电位）或开锁状态（低电位）传递给车门控制单元，车门控制单元依次来判断车门是处于安全锁止还是开锁状态。

在安全锁止状态下，驾驶员侧车门控制单元 J386 激活中央门锁 SAFE 功能指示灯 K133，指示灯 K133 闪烁，警示外部人员车辆已进入防盗状态。迈腾 B8 仪表显示车门状态如图 7-45 所示。

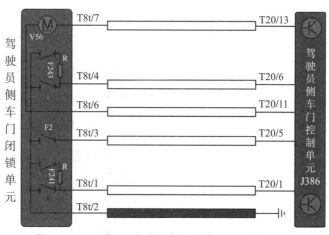

图 7－41 迈腾 B8 左前侧车门闭锁单元电路原理图

图 7－42 迈腾 B8 右前侧车门闭锁单元电路原理图

图 7－43 迈腾 B8 左后侧车门闭锁单元电路原理图

图 7－44 迈腾 B8 右后侧车门闭锁单元电路原理图

五、行李厢锁工作过程

1. 行李厢开锁控制方式

行李厢锁控制可分为车内控制和车外控制 2 种方式。车内控制可通过左前车门上行李厢盖遥控开锁按钮 E233 来执行，车外控制可以通过"遥控器"或"车门锁孔中控开关"来执行，即：

（1）行李厢无钥匙进入及起动系统开锁；

（2）行李厢遥控钥匙开锁；

（3）行李厢开锁按钮 E233 开锁。

2. 行李厢无钥匙进入及起动系统开锁

图 7-45　迈腾 B8 仪表显示车门状态

使用者站在车后中间位置，抬起一条腿在保险杠下做出快速搭铁伸入和撤出的摆动动作，从而使胫骨进入和离开电容传感器的检测区域。传感器以及行李厢盖开启控制单元 J938 识别到这一"踢动"动作，并通过其自有的 LIN 总线向进入及起动系统控制单元 J965 发出信号，如图 7-46 所示。

图 7-46　迈腾 B8 行李厢无钥匙进入及起动系统开锁

控制单元 J965 通过后保险杠内用于进入及起动系统 R139 的天线（125 kHz 的低频信号），检查在车尾区域是否至少存在一个遥控钥匙。如果钥匙成功授权，则在第 3 个刹车灯（位于后窗玻璃上部区域）亮起后，打开行李厢盖。授权与车辆的锁止状态无关。迈腾 B8 行李厢控制电路原理如图 7-47 所示。

3. 行李厢遥控钥匙开锁

按压遥控钥匙如图 7-48 所示，按行李厢开启按键，已匹配的钥匙发送一个特定的钥匙验证代码和请求解锁代码。

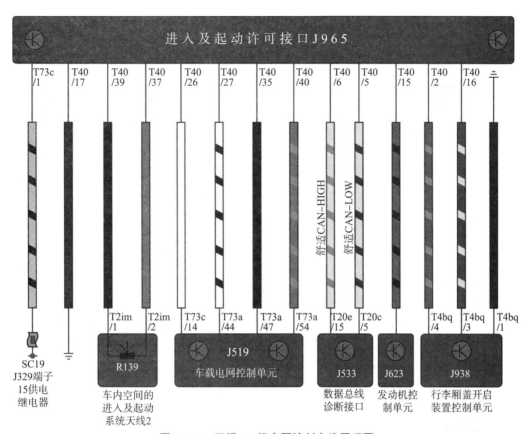

图 7-47 迈腾 B8 行李厢控制电路原理图

进入及起动许可接口 J965 通过车内空间的进入及起动系统天线 1-R138、天线 2-R139 接收特定的请求解锁代码。J965 接收到这些代码后，通过一条单独的导线唤醒控制单元 J519。

特定的钥匙验证代码发送至 J519，控制单元 J519 预检查数据的可靠性。如果是可靠的钥匙基本数据，则 J519 唤醒舒适系统 CAN 数据总线。

图 7-48 迈腾 B8 遥控钥匙

J519 直接向油箱盖板中的中央门锁执行元件 F219 发送油箱盖解锁命令，执行元件 F219 执行解锁。

迈腾 B8 行李厢控制电路原理如图 7-49 所示。

4. 行李厢开锁按钮 E233 开锁

行李厢开锁按钮 E233 开锁，其控制电路原理如图 7-50 所示。

向上拉动驾驶员侧车门上的行李厢开锁按钮 E233，驾驶员侧车门控制单元 J386 接收到开关 E233 内部触点返回的低电压信号，将其转化为数字信号，通过舒适 CAN 总线发送行李厢开锁信息至车载电网控制单元 J519，J519 内部驱动电机电路接通，驱动电机运转，打开行李厢开锁。

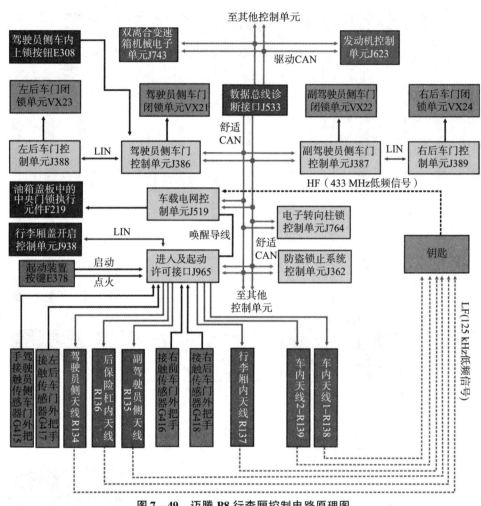

图 7-49 迈腾 B8 行李厢控制电路原理图

图 7-50 迈腾 B8 行李厢开锁按钮 E233 控制电路原理图

任务三 电动后视镜系统及检修

一、迈腾 B8 后视镜结构组成

迈腾 B8 后视镜控制系统通过车门控制单元集中控制,系统包含以下元器件,如图 7-51 所示。

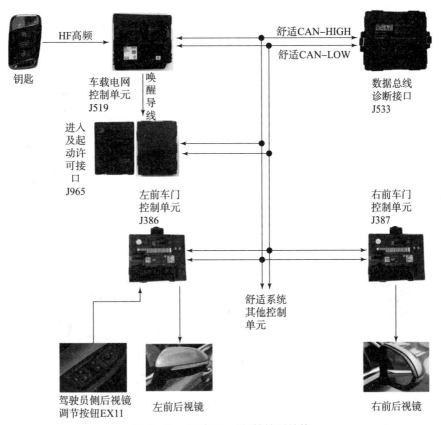

图 7-51 迈腾 B8 后视镜控制结构

(1) 后视镜控制开关;
(2) 左侧后视镜总成;
(3) 右侧后视镜总成;
(4) 驾驶员侧车门控制单元 J386;
(5) 副驾驶员侧车门控制单元 J387。

二、后视镜控制开关

后视镜控制开关由以下部分组成:
(1) 后视镜调节开关 E43;
(2) 后视镜调节转换开关 E48;
(3) 后视镜加热按钮 E231;
(4) 后视镜内折开关 E263。

迈腾 B8 后视镜控制开关如图 7-52 所示,为了减少信号线路连接数量,开关内部采用触点和分压电阻相结合的输出方式,将通常的输出信号线(左后视镜调节、右后视镜调节、左后视镜垂直/水平调节、右后视镜垂直/水平调节、左右后视镜加热、左右后视镜折叠)简化为仅仅采用两根信号线输出,通过两根信号线上的电压组合判断后视镜的调节意图。

后视镜控制开关内部装有不同的触点开关和分压电阻,操作开关在不同的挡位(左后视镜垂直/水平调节、右后视镜垂直/水平调节、左后视镜调节、右后视镜调节、左右后视镜加热、左右后视镜折叠）时，通过开关内部触点和分压电阻输出两个信号电压，左前车门控制单元 J386 接收到这两个信号电压后将这些输入的信号进行处理分析，控制单元 J386 处理分析这些信号后控制后视镜电机以及加热元件做相应动作。

三、后视镜总成

后视镜的功能主要是让驾驶员观察汽车左右两侧的行人、车辆以及其他障碍物的情况，确保行车或倒车安全。迈腾 B8 后视镜如图 7-53 所示，其总成包括以下元器件：

图 7-52 迈腾 B8 后视镜控制开关

图 7-53 迈腾 B8 左右后视镜

（1）后视镜水平/垂直调节电机；

（2）后视镜折叠/展开电机；

（3）后视镜加热丝；

（4）后视镜转向灯；

（5）后视镜登车照明灯。

迈腾 B8 左、右后视镜控制电路原理如图 7-54、图 7-55 所示。

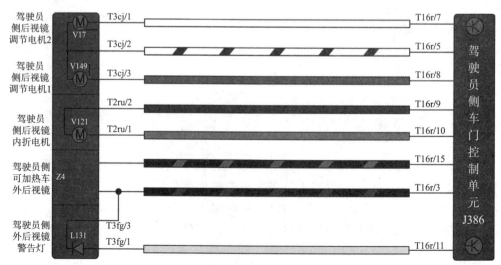

图 7-54 迈腾 B8 驾驶员侧后视镜控制电路原理图

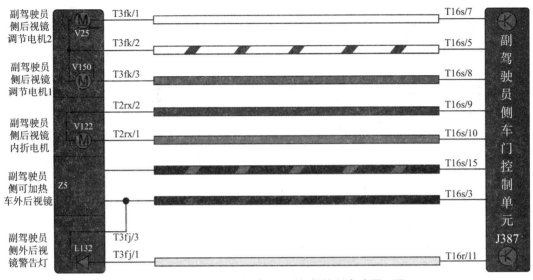

图 7-55 迈腾 B8 副驾驶员侧后视镜控制电路原理图

1. 后视镜垂直/水平调节电机

调节电机主要以枢轴为中心，如图 7-56 所示，其由能进行垂直和水平方向灵活变换位置的 2 个独立可逆的微电机、联动机构组成。

例如驾驶员侧后视镜调节（电机控制），如图 7-57 所示，后视镜垂直和水平调节电机有一根共用线路，即 V17 和 V149 有一个共用控制导线 T3cj/2，无论 V17 还是 V149 工作，这根线路都会出现低电位或高电位。

后视镜水平调节时，微电机 V17 可以沿两个方向工作，如果电机控制线路电压相反，即 T3cj/2 和 T3cj/1 端子电压相反，电机运转方向相反，通过连接机构带动后视镜左右水平摆动。

后视镜垂直调节时，微电机 V149 可以沿两个方向工作，如果电机控制线路电压相反，即 T3cj/2 和 T3cj/3 端子电压相反，电机运转方向相反，通过连接机构带动后视镜上下垂直摆动。

图 7-56 迈腾 B8 后视镜调节电机

副驾驶员侧后视镜调节（电机控制），如图 7-58 所示，后视镜垂直和水平调节电机有一根共用线路，即 V25 和 V150 有一个共用控制导线 T3fk/2，无论 V25 还是 V150 工作，这根线路都会出现低电位或高电位。后视镜水平调节时，微电机 V25 可以沿两个方向工作，如果电机控制线路电压相反，即 T3fk/2 和 T3fk/1 端子电压相反，电机运转方向相反，通过连接机构带动后视镜左右水平摆动。后视镜垂直调节时，微电机 V150 可以沿两个方向工作，如果电机控制线路电压相反，即 T3fk/2 和 T3fk/3 端子电压相反，电机运转方向相反，通过连接机构带动后视镜上下垂直摆动。

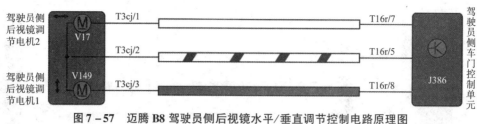

图 7-57　迈腾 B8 驾驶员侧后视镜水平/垂直调节控制电路原理图

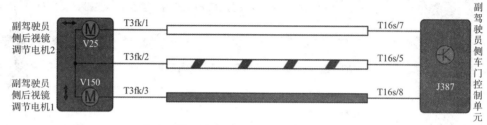

图 7-58　迈腾 B8 副驾驶员侧后视镜水平/垂直调节控制电路原理图

2. 后视镜折叠/展开电机

后视镜折叠/展开电机，如图 7-59 所示。

车辆在行车过程中难免发生一些意外事故，后视镜作为安装在车辆上宽度最宽的零部件，在造成相擦的情况下，最易受到冲击，为了最大程度避免擦伤，就需要后视镜有折叠功能。具有折叠功能的后视镜，在通过狭窄路段时可以收缩起来，提高了车子的通过性，在驾驶员离开车子的时候，也可以把后视镜折叠起来，不仅可以保护镜面，还可以缩小停车泊位空间，有效地避免了剐蹭。

图 7-59　迈腾 B8 后视镜折叠电机

后视镜折叠/展开电机和后视镜垂直调节电机工作原理一样，只不过此电机在每个后视镜里只有 1 个，其电路原理如图 7-60、图 7-61 所示。

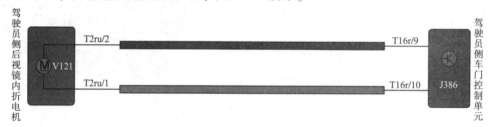

图 7-60　迈腾 B8 驾驶员侧后视镜折叠/展开电机控制电路原理图

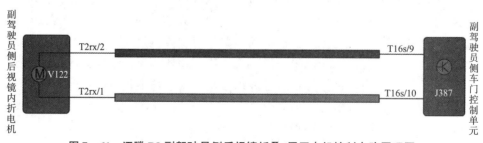

图 7-61　迈腾 B8 副驾驶员侧后视镜折叠/展开电机控制电路原理图

驾驶员侧后视镜折叠/展开工作时，微电机 V121 可以沿两个方向工作，如果电机控制线路电压相反，即 T2ru/1（+、-）和 T2ru/2（-、+）端子电压相反，电机运转方向相反，通过连接机构带动后视镜折叠或展开。

副驾驶员侧后视镜折叠/展开工作时，微电机 V122 可以沿两个方向工作，如果电机控制线路电压相反，即 T2rx/1（+、-）和 T2rx/2（-、+）端子电压相反，电机运转方向相反，通过连接机构带动后视镜折叠或展开。

3. 后视镜加热丝

后视镜加热丝如图 7-62 所示，其电路原理如图 7-63、图 7-64 所示。

图 7-62　迈腾 B8 后视镜加热元件

图 7-63　迈腾 B8 驾驶员侧后视镜加热电路原理图

图 7-64　迈腾 B8 副驾驶员侧后视镜加热电路原理图

迈腾 B8 后视镜带有加热功能，当镜片有雾或冬天有霜时可通过室内控制按钮对镜片进行加热，一般加热 20 min 就可完全去霜，随后即可断电，如果空气湿度较大可连续加热。

4. 后视镜转向灯

后视镜转向灯，其电路原理如图 7-65、图 7-66 所示。

迈腾 B8 将叶子板上的转向灯移到后视镜上，采用集中管理，由 CAN 总线系统传输控制信号给车门控制模块，然后控制模块驱动转向灯运行，简化布局，增加美观度。后视镜上转向灯采用 LED，发光率高，节省电量。

图 7-65　迈腾 B8 驾驶员侧后视镜转向灯电路原理图

图 7-66 迈腾 B8 副驾驶员侧后视镜转向灯电路原理图

驾驶员侧车门控制单元 J386 信号输入，如表 7-9 所示。

表 7-9 驾驶员侧车门控制单元 J386 信号输入

序号	元件	信号
1	玻璃升降器开关	左前玻璃升降器手动、自动上升或下降
		右前玻璃升降器手动、自动上升或下降
		左后玻璃升降器手动、自动上升或下降
		右后玻璃升降器手动、自动上升或下降
		两个后门玻璃升降器动作锁止
2	联锁开关	所有中控门锁开启、关闭
3	车门接触开关	驾驶员侧车门状态（开或关）
4	中央门锁执行元件	驾驶员侧车门锁机构开启、关闭状态
5	中央门锁执行元件（安全）	驾驶员侧车门锁机构状态
6	车门外把手开关	驾驶员侧车门开启
7	车门外把手接触传感器	进入信号
8	记忆操纵单元（选装）	后视镜位置记忆控制
9	后视镜位置传感器（选装）	后视镜位置记忆
10	行李厢盖开启开关 E164	行李厢盖开启
11	油箱盖开启开关 E204	油箱盖开启
12	儿童安全锁按钮 E254	后车门儿童安全锁开启
13	后视镜调节转换开关 E48	后视镜左右调节选择
14	后视镜调节开关 E43	单侧后视镜左、右、上、下调节
15	后视镜收折开关 E168	后视镜折叠收起
16	车外后视镜加热按钮 E231	车外后视镜加热
17	转向开关信号	左转向信号

驾驶员侧车门控制单元 J386 信号输出，如表 7-10 所示。

表 7－10　驾驶员侧车门控制单元 J386 信号输出

序号	元件	动作
1	左前玻璃升降器	左前玻璃手动、自动上升或下降
	右前玻璃升降器	右前玻璃手动、自动上升或下降
	左后玻璃升降器	左后玻璃手动、自动上升或下降
	右后玻璃升降器	右后玻璃手动、自动上升或下降
2	中央门锁执行元件（电机）	所有车门开启、锁止
3	行李厢电机	行李厢开启、锁止
4	油箱盖电机	油箱盖开启、锁止
5	后视镜调节电机	后视镜左、右、上、下调节
6	后视镜收折电机	后视镜折叠、收起
7	加热式车外后视镜	后视镜加热
8	车门开启照明灯	车门开启照明灯点亮
9	上车灯	上车灯点亮
10	转向灯开关	后视镜上左转向信号灯闪烁

四、迈腾 B8 后视镜工作过程

迈腾 B8 后视镜的开关在驾驶员侧玻璃升降器操作开关 E512 上，在调节后视镜时需先调节左侧后视镜位置，再调节右侧后视镜位置。因为在调节左侧后视镜时右侧后视镜会随着左侧的调节运动，而在调节右侧时，左侧后视镜不会再次运动。

1. 左侧后视镜调节

打开点火开关，将后视镜开关选择在左侧后视镜调节位置，通过开关内部触点和分压电阻输出两个电压信号，控制单元 J386 接收到这两个电压信号后，将这两个信号电压与控制单元内部预先存储的后视镜控制图谱数据（左后视镜调节、右后视镜调节、左后视镜垂直/水平调节、右后视镜垂直/水平调节、左右后视镜加热、左右后视镜折叠）电压进行对比，如果图谱动作数据电压对比成功，控制单元 J386 将准备接收后视镜调节开关发送的左后视镜调节信号。同时，控制单元 J386 将这一信息通过舒适 CAN 总线发送给副驾驶员侧车门控制单元 J387，控制单元 J387 将准备接收后视镜调节开关发送的右后视镜调节信号。

向上推动后视镜调节手柄，通过开关内部触点和分压电阻输出两个信号电压，J386 控制单元接收到这两个信号后，控制左侧后视镜里的垂直电机运转，机械机构带动后视镜向上运动，如果驾驶员感觉后视镜运动位置适合观察，松开手柄，信号断开，电机（后视镜）停止运动。向下推动后视镜调节手柄，控制过程和向上相反。

同时，控制单元 J386 将后视镜垂直调节信号通过舒适 CAN 总线发送给副驾驶员侧车门控制单元 J387，控制单元 J387 接收到此信号后控制右侧后视镜垂直电机做相同动作。

向左推动后视镜调节手柄，通过开关内部触点和分压电阻输出两个电压信号，J386 控制单元接收到这两个电压信号后，控制左侧后视镜里的水平电机运转，机械机构带动后视镜水平运动，如果驾驶员感觉后视镜运动位置适合观察，松开手柄，信号断开，电机（后视镜）停止运动。向右推动后视镜调节手柄，控制过程和向左相反。

同时，控制单元 J386 将后视镜水平调节信号通过舒适 CAN 总线发送给副驾驶员侧车门控制单元 J387，控制单元 J387 接收到此信号后控制右侧后视镜水平电机做相同动作。

迈腾 B8 左侧后视镜控制电路原理如图 7-67 所示。

图 7-67　迈腾 B8 左侧后视镜控制电路原理图

E43—后视镜调节开关；E48—后视镜调节转换开关；E231—车外后视镜加热按钮；
E263—后视镜内折开关；L78—车外后视镜调节开关背景灯

2. 右侧后视镜调节

右侧后视镜调节，迈腾 B8 右侧后视镜控制电路原理如图 7-68 所示。

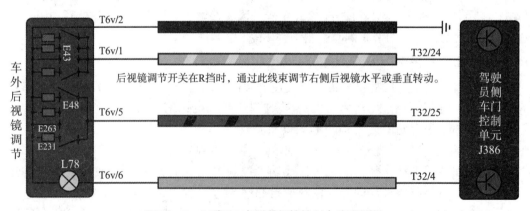

图 7-68　迈腾 B8 右侧后视镜控制电路原理图

左侧后视镜调节完成后，将后视镜开关选择在右侧后视镜调节位置，通过开关内部触点和分压电阻输出两个电压信号，驾驶员侧车门控制单元 J386 接收到两个电压信号后，J386 控制单元将这两个输入的信号电压和控制单元内部预先存储的后视镜控制图谱数据（左后视镜调节、右后视镜调节、左后视镜垂直/水平调节、右后视镜垂直/水平调节、左右后视镜加热、左右后视镜折叠）电压进行对比，如果图谱动作数据电压对比后，确认要调节右侧后视镜位置，控制单元 J386 将这一信息通过舒适 CAN 总线发送给副驾驶员侧车门控制单元 J387，控制单元 J387 将准备接收后视镜调节开关发送的后视镜调节信号。

右侧后视镜调节和左侧调节一样，通过后视镜调节开关调节后视镜水平和垂直位置。但是在调节右侧后视镜时，左侧后视镜里的微电机是不会动作的，即左侧后视镜镜片不会动作，停止并保持在上次调节的位置。

3. 后视镜折叠/展开

按压后视镜开关上的后视镜折叠/展开按键，驾驶员侧车门控制单元 J386 接收到开关触点和内部电阻分压后的电压信号，J386 控制单元将这些输入的信号电压和控制单元内部预先存储的后视镜控制图谱数据（左后视镜调节、右后视镜调节、左后视镜垂直/水平调节、右后视镜垂直/水平调节、左右后视镜加热、左右后视镜折叠）电压进行对比，图谱动作数据电压对比成功后，确认要后视镜折叠或展开，控制单元 J386 随即接通后视镜折叠或展开电路，通过驾驶员侧后视镜折叠/展开电机 V121 控制后视镜动作。

同时控制单元 J386 将这一信息通过舒适 CAN 总线发送给副驾驶员侧车门控制单元 J387，控制单元 J387 接收到后视镜折叠或展开信号后，随即接通后视镜折叠或展开电路，通过副驾驶员侧后视镜折叠/展开电机 V122 控制后视镜动作，如图 7 - 69 所示。

图 7 - 69　迈腾 B8 后视镜折叠/展开控制电路原理图

4. 后视镜加热

迈腾 B8 后视镜加热控制电路原理如图 7 - 70 所示。按压后视镜开关上的后视镜加热按键，驾驶员侧车门控制单元 J386 接收到开关触点和内部电阻分压后的电压信号，J386 控制单元将这些输入的信号电压和控制单元内部预先存储的后视镜控制图谱数据（左后视镜调节、右后视镜调节、左后视镜垂直/水平调节、右后视镜垂直/水平调节、左右后视镜加热、左右后视镜折叠）电压进行对比，如果图谱动作数据电压对比成功后，确认要加热后视镜，控制单元 J386 随即接通后视镜加热电路，通过驾驶员侧加热元件 Z4 对后视镜加热。

同时控制单元 J386 将这一信息通过舒适 CAN 总线发送给副驾驶员侧车门控制单元 J387，控制单元 J387 接收到后视镜加热信号后，随即接通后视镜加热电路，通过副驾驶员侧加热元件 Z5 对后视镜加热。

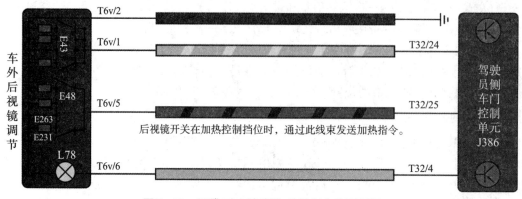

图 7-70 迈腾 B8 后视镜加热控制电路原理图

项目小结

（1）迈腾 B8 玻璃升降器通过各控制单元控制，整体系统包含以下元器件和控制单元：车载电网控制单元 J519、遥控钥匙、数据总线诊断接口 J533、进入及起动系统接口 J965、车门控制单元（4 个）、玻璃升降器电机（4 个）、玻璃升降器开关（4 个）。迈腾 B8 玻璃升降器开关内部装有不同的电阻，操作开关在不同的挡位（上升、自动上升、下降、自动下降）时，通过开关内部分压电阻将信号线输出电压改变，控制单元将这些输入的信号电压和控制单元内部预先存储的玻璃升降器图谱动作数据（上升、自动上升、下降、自动下降）电压进行对比，如果和哪一个图谱动作数据电压对比成功，将控制玻璃升降器相应动作（上升、自动上升、下降、自动下降）。

（2）通过驾驶员侧车内上锁按钮 E308 可以将中央门锁开锁和闭锁，关闭并闭锁所有车门和行李厢盖时，按钮里的指示灯点亮为黄色，防盗报警装置不会激活，在车外无法打开车门或行李厢盖，例如，因交通信号灯停车时。拉车门开启拉手即可在车内开启车门锁、打开车门，所有车门开关里的指示灯熄灭。未打开的车门和行李厢盖仍处于闭锁状态，无法自车外打开。车门接触开关将车门打开时的低电位或关闭时的高电位信号传递给车门控制单元，车门控制单元依次来判断车门是处于开启还是关闭状态。同时通过舒适总线发送给组合仪表，如果车门打开，组合仪表上会显示打开侧车门信息。锁机构在完全闭锁的情况下才能执行开锁和闭锁功能。

（3）迈腾 B8 后视镜控制开关为了减少信号线路连接数量，开关内部采用触点和分压电阻相结合的输出方式，将通常的输出信号线（左后视镜调节、右后视镜调节、左后视镜垂直/水平调节、右后视镜垂直/水平调节、左右后视镜加热、左右后视镜折叠）简化为仅仅采用两根信号线输出，通过两根信号线上的电压组合判断后视镜的调节意图。后视镜开关内部装有不同的触点开关和分压电阻，操作开关在不同的挡位（左后视镜垂直/水平调节、右后视镜垂直/水平调节、左后视镜调节、右后视镜调节、左右后视镜加热、左右后视镜折叠）时，通过开关内部触点和分压电阻输出两个电压信号，左前车门控制单元 J386 接收到这两个电压信号后将这些输入的信号进行处理分析，控制单元 J386 处理分析这些信号后控制后视镜电机以及加热元件做相应动作。

 习题与思考

1. J386、J387、J388、J389 对玻璃升降系统、门锁系统、后视镜系统是如何控制的？这4个控制器的控制逻辑有什么不同？
2. 控制单元是如何判断玻璃升降开关"点升、点降、直升、直降"这4个工作状态的？
3. 门锁的控制方式有哪几种？它们有什么相同点，有什么不同点？
4. 后视镜的调整电机是如何工作的？

项目八
仪表与报警系统

学习目标

- 掌握汽车各种仪表及报警装置的工作原理；
- 了解各种仪表及报警装置的基本结构、电子显示系统的组成。

任务一 仪表

为了监测发动机的运转状况，使驾驶员随时观察与掌握汽车各系统的工作状态，在驾驶室仪表板上装有各种指示仪表，主要包括机油压力表、水温表、发动机转速表、燃油表、电流表等。

一、机油压力表

机油压力表用来指示发动机机油压力的大小，以便了解发动机润滑系统工作是否正常。它由装在发动机主油道上的机油压力传感器和仪表板上的机油压力指示表组成。常用的机油压力表有双金属片式、电磁式和动磁式 3 种。其中以双金属片式机油压力表应用最为广泛。

如图 8-1 所示为双金属片式机油压力表的结构图。机油压力表传感器内部装有弹性膜片 2，膜片下的油腔 1 与发动机主油道相通，机油压力可直接作用在膜片上，膜片的上面顶着弓形弹簧片 3，弹簧片的一端与外壳固定搭铁，另一端的触点与双金属片 4 端部触点接触，双金属片上绕有电热线圈，校正电阻 8 与双金属片 4 上的线圈并联。

机油压力指示表内装有特殊形状的双金属片 11，它的直臂末端固定在调节齿扇 10 上，另一钩形悬臂端部与指针 12 相连，其上也绕有电热线圈，线圈的两头构成指示表的两个接线柱。

当电源开关接通时，电流由蓄电池正极→电源开关→接线柱 14→指示表双金属片 11 的电热线圈→接线柱 9→接触片 6→分两路，一路流经传感器双金属片 4 的电热线圈（另一路流经校正电阻 8→双金属片 4）→双金属片 4 的触点→弹簧片 3→搭铁→蓄电池负极构成回路。由于电流流过双金属片 4 和 11 上的电热线圈，使双金属片受热变形。双金属片是用两种膨胀系数不同的金属制成，受热时，膨胀系数大的一面向膨胀系数小的一面弯曲。当电路中有电流通过时，绕在双金属片上的线圈产生热量，造成传感器双金属片受热弯曲，使触点断开，切断电路；而指示表双金属片受热弯曲，使指针偏转，指示机油压力的大小。

当机油压力很低时，膜片 2 几乎没有变形，这时作用在触点上的压力甚小。当电流流过

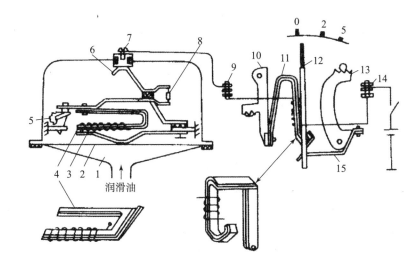

图 8-1 双金属片式机油压力表

1—油腔；2—膜片；3，15—弹簧片；4—传感器双金属片；5—调节齿轮；6—接触片；7—传感器接线柱；8—校正电阻；9，14—指示表接线柱；10，13—调节齿扇；11—指示表双金属片；12—指针

而温度略有上升时，双金属片 4 就受热弯曲，使触点分开，切断电路并停止产生热量，一段时间后，双金属片冷却伸直，触点又闭合，电路又被接通。因此触点闭合时间短，而打开时间长，通过指示表电热线圈的平均电流值小，使指示表双金属片 11 因温度较低而弯曲程度小，指针 12 偏转角度很小，即指示出较低的油压。

当机油压力升高时，膜片 2 向上拱曲增大，加在触点上的压力增大，双金属片 4 需要在较高温度下，即其上电热线圈通过较大电流、较长时间后，才能弯曲，使触点分开，而触点分开后稍加冷却就会很快闭合，因此触点打开时间短，而闭合时间长，通过指示表电热线圈的平均电流值大，指针 12 偏转增大，指示出较高的油压。

为使机油压力的指示值不受外界温度的影响，双金属片 4 制成"⊃"形，其上绕有电热线圈的一边称为工作臂，另一边称为补偿臂。当外界温度变化时，工作臂的附加变形被补偿臂的相应变形所补偿，使指示表的读数不变。在安装传感器时，必须使传感器壳体上的箭头向上，不应偏出 ±30° 位置，这样可保证工作臂位于补偿臂之上，使工作臂产生的热气上升时，不致影响补偿臂，造成读数误差。

二、水温表

水温表用来指示发动机内部冷却水温度。它由装在气缸盖水套中的温度传感器和装在仪表板上的水温指示表组成。其型式有双金属片式和电磁式两种。由于双金属片式水温表的结构和原理与双金属片式机油压力表基本相同，下面主要介绍电磁式水温表。

如图 8-2 所示为电磁式水温表的结构原理图。它主要由热敏电阻传感器和电磁式水温指示表组成。传感器中装有负温度系数热敏电阻，其电阻值会随水温升高而减小。当电源开关接通时，电流由蓄电池正极→电源开关→电阻 R→线圈 L_2→分两路，一路流经热敏电阻（另一路流经线圈 L_1）→搭铁→蓄电池负极构成回路。

当水温低时，传感器中热敏电阻的阻值大，流经线圈 L_1 与 L_2 的电流相差不多，但由于

L_1 的匝数多，产生的磁场强，带指针的衔铁 3 会向左偏转，使表针指向低温刻度；当水温增高时，热敏电阻阻值减小，分流作用增强，流经 L_1 的电流减小，磁场力减弱，衔铁向右偏转，表针指向高温刻度。

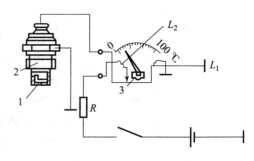

图 8-2　电磁式水温表
1—热敏电阻；2—传感器；3—衔铁

检查电磁式温度传感器和水温指示表时，可拆下传感器上的接线，测量传感器输入端与搭铁之间的电阻，若室温下热敏电阻的阻值为 100 Ω 左右，则表明传感器良好；另用一阻值为 80～100 Ω 的电阻代替传感器直接搭铁，当接通电源时，如果水温指示表的表针指在 60～70 ℃ 之间，则表明水温指示表良好。

三、发动机转速表

发动机转速表用来指示发动机运转速度。常用的有机械式和电子式两种。由于电子式转速表具有结构简单、指示准确、安装方便等优点，因此被广泛应用。

如图 8-3 所示为汽油机用的电容放电式转速表电路原理图，其转速信号来自点火系统初级电路的脉冲信号。当断电器触点 K 闭合时，三极管 VT 的基极搭铁而处于截止状态，电源经 R_3、C_3、VD_2 向电容 C_3 充电；当触点 K 断开时，三极管 VT 由截止转为导通，此时电容 C_3 经三极管 VT、转速表 n 和二极管 VD_1 构成放电回路，驱动转速表。发动机工作时，断电器触点的开闭频率与发动机的转速成正比，电容 C_3 不断进行充放电，通过转速表 n 的放电电流平均值也与发动机的转速成正比。电路中的稳压管 VD_3 使电容 C_3 有一个稳定的充电电压，以提高转速表的测量精度。

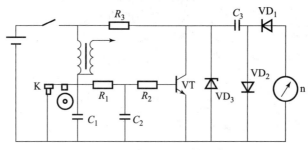

图 8-3　电容放电式转速表

四、燃油表（油量表）

燃油表用来指示燃油箱内燃油的储存量。它由装在燃油箱内的传感器和装在仪表板上的燃油指示表组成。燃油指示表有电磁式、动磁式和双金属片式，近年来还出现了新型的电子燃油表，传感器均为可变电阻式。由于电磁式和双金属片式指示表的结构和原理与前述仪表基本相同，下面主要介绍动磁式燃油表和电子燃油表。

1. 动磁式燃油表

如图 8-4 所示为动磁式燃油表的结构原理图，它的两个线圈互相垂直地绕在一个矩形塑料架上，塑料套筒轴承和金属轴穿过交叉线圈，金属轴上装有永久磁铁转子，转子上连有指针。可变电阻式传感器由滑片电阻和浮子组成。

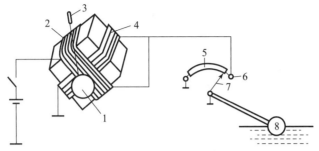

图 8-4 动磁式燃油表

1—永久磁铁转子；2—左线圈；3—指针；4—右线圈；5—可变电阻；6—接线柱；7—滑片；8—浮子

当接通电源开关后，燃油表中的电流回路是：蓄电池正极→电源开关→左线圈2→分两路，一路经右线圈4（另一路经接线柱6→可变电阻5→滑片7）→搭铁→蓄电池正极。

当油箱无油时，浮子8下沉，可变电阻5上的滑片7移至最右端，可变电阻5和右线圈4均被短路，永久磁铁转子1在左线圈磁力作用下向左偏转，带动指针3指示油位为"0"。随着油量的增加，浮子上升，可变电阻部分接入，使左线圈2中的电流相对减小，右线圈中的电流相对增大，永久磁铁转子在合成磁场作用下转动，使指针向右偏转，指示出与油箱油量相应的标度。

动磁式燃油表的优点是当电源电压波动时，通过左、右两线圈的电流成比例增减，使指示值不受影响；又因为线圈中没有铁芯，所以没有磁滞现象，指示误差小。

2. 电子燃油表

如图 8-5 所示为电子燃油表电路原理图，其传感器仍采用浮子式可变电阻传感器。R_X是传感器的可变电阻，油箱无油时，其电阻值约为 100 Ω，满油时约为 5 Ω。电阻 R_{15} 和二极管 VD_8 组成稳压电路，其稳定电压作为电路的标准电压，通过 $R_8 \sim R_{14}$ 接到由集成电路 IC_1 和 IC_2 组成的电压比较器的反向输入端；传感器的可变电阻 R_X 由 A 端输出电压信号，经电容器 C 和电阻 R_{16} 组成的缓冲器后，接到电压比较器的同向输入端，电压比较器将此电压信号与反向输入端的标准电压进行比较、放大，然后控制各自对应的发光二极管，以显示油箱内燃油量的多少。

当油箱内燃油加满时，传感器可变电阻 R_X 阻值最小，A 点电位最低，各电压比较器输出为低电平，此时6只绿色发光二极管 $VD_2 \sim VD_7$ 全部点亮，而红色二极管 VD_1 因其正极电位变低而熄灭，这表示油箱已满。随着汽车的运行，油箱内的燃油量逐渐减少，绿色发光二极管按 VD_7、VD_6、VD_5、…、VD_2 依次熄灭。燃油量越少，绿色发光二极管亮的个数越少。当油箱内燃油用完时，R_X 的阻值最大，A 点电位最高，集成块 IC_2 第5脚电位高于第6脚的标准电位，第7脚可输出高电位，此时红色发光二极管亮，其余6只绿色发光二极管全部熄灭，表示燃油量过少，必须给油箱补加燃油。

五、电流表

电流表串接在蓄电池充电电路中，主要用来指示蓄电池充、放电电流值，同时还可通过

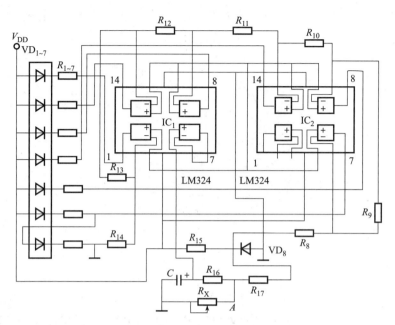

图 8-5 电子燃油表电路原理图

它检视电源系统的工作是否正常。电流表通常为双向工作方式,表盘中间的示值为"0",两侧分别标有"+""-"标记,其最大读数为 20 或 30。当发电机向蓄电池充电时,示值为"+",蓄电池向用电设备放电时,示值为"-"。汽车上使用的电流表分为电磁式和动磁式两种,其工作原理基本相似。

如图 8-6 所示为电磁式电流表的结构原理图。条形永久磁铁 6 两端分别与黄铜片 4 固定连接,再用螺栓将黄铜片固定在绝缘底板上,两个螺栓即形成电流表的两接线柱。永久磁铁内侧转轴上装有带指针 2 的软钢转子 5。当电流表中无电流通过时,软钢转子 5 在永久磁铁 6 的作用下被磁化,由于磁场方向相反,使指针 2 停在中间"0"标度上。当蓄电池放电时,放电电流通过黄铜片产生的环形磁场垂直于永久磁铁的磁场,形成逆时针偏转的合成磁场,吸动软钢转子也逆时针偏转,使指针指向表盘的"-"侧标度值。放电电流越大,合成磁场越强,偏转角度越大,指针指示读数越大。当发电机向蓄电池充电时,流过黄铜片的电流方向相反,磁场也反向,合成磁场顺时针偏转,指针指向"+"侧。

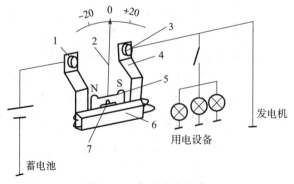

图 8-6 电磁式电流表

1,3—接线柱;2—指针;4—黄铜片;5—软钢转子;6—永久磁铁;7—转轴

电流表的接线原则：①电流表应与蓄电池串接，由于汽车为负极搭铁，蓄电池的负极也搭铁，故电流表的负极必须与蓄电池的正极相连接；②电流表只允许通过较小电流。一般对点火系统、仪表等长时间连续工作的小电流可通过电流表；而对短时间断续用电设备的大电流，如起动机、转向灯、电喇叭等均不通过电流表。

六、电压表

电压表用来指示发电机和蓄电池的端电压。电压表有电热式、电磁式两种结构形式。电压表通常与负载并联，并受点火开关控制。

接通点火开关，电压表即可指示蓄电池的端电压，对 12 V 电系的汽车一般为 11.5 ~ 12.6 V，接通起动机的瞬间，电压将下降至 9 ~ 10 V，如起动时电压表指示值过低，则说明蓄电池亏电或有故障。

发电机以正常转速运转时，电压表应指示在 13.5 ~ 14.5 V 的规定范围内，若起动前后，电压表读数不变，则表明发电机不发电；若起动后电压表指示值不在规定范围内，则说明调节器调整不当或损坏。

电热式电压表结构简单，如图 8 - 7 所示。在接通或切断电源时，指针摆动较迟缓，要待指针指示稳定才可读数。

图 8 - 8 为北京切诺基汽车上装用的电磁式电压表的结构，它由两只十字交叉布置的电磁线圈、永久磁铁、转子、指针及刻度盘等零件组成，电路中两只线圈与稳压管及限流电阻成串联连接。稳压管的作用是当电源电压达到一定数值后，才将电压表电路接通。在电压表未接入电路或电源电压低于稳压管击穿电压时，永久磁铁将转子磁化，保持电压表指针在初始的位置，当电源电压达到稳压管击穿电压后，两个十字交叉电磁线圈产生的磁场与永久磁铁产生的磁场相互作用，从而使转子带动指针偏向高电压方向。电源电压越高，通过十字交叉电磁线圈的电流就越大，其电磁场就越强，指针偏转角度就越大。

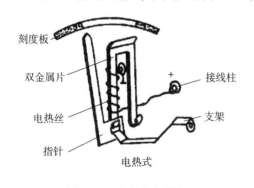

图 8 - 7　电热式电压表

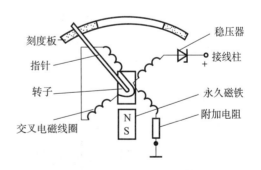

图 8 - 8　电磁式电压表

七、仪表稳压器

双金属片式水温表和燃油表配用可变电阻式传感器时，应在电路中串入仪表稳压器，其作用是当电源电压变化时稳定仪表平均电压，避免仪表的指示误差。仪表稳压器常见有电热式和电子式两类。

1. 电热式仪表稳压器

电热式仪表稳压器的结构如图 8-9 所示，它由双金属片、一对常闭触点、电热线圈、座板和外壳等组成。电热线圈一端搭铁，另一端焊在双金属片上。双金属片的一端用铆钉固定在另一端铆有活动触点的位置。固定触点铆在调节片上，调节片的一端也用铆钉固定并与电源接线相连。两触点之间压力可通过调节螺钉调整。

电热式仪表稳压器的原理电路如图 8-10 所示，当电源电压偏高时，电热线圈中的电流增大，产生热量大，使触点在较短的时间里断开，断开的触点又需较长时间冷却才能重新闭合，于是触点闭合时间短，断开时间长，从而将偏高的电源电压降低为某一输出电压平均值。若电源电压偏低时，电热线圈中的电流减小，产生热量少，使触点断开时间短而闭合时间长，从而将偏低的电源电压提高到同一输出电压平均值。

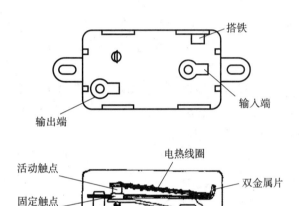

图 8-9　电热式仪表稳压器结构

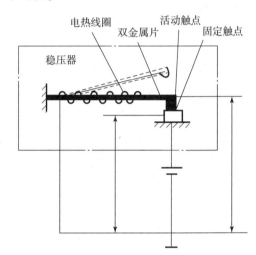

图 8-10　电热式仪表稳压器原理

电热式仪表稳压器工作时的电压波形如图 8-11 所示。

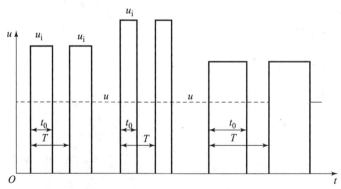

图 8-11　电热式仪表稳压器电压波形

电热式仪表稳压器在使用中应注意以下几点：

（1）电热式仪表稳压器安装时，两接线极柱的接线不得接错。

（2）凡使用仪表稳压器的燃油表及水温表，不允许直接与电源相接，否则会烧坏仪表。

2. 电子式仪表稳压器

采用三端集成稳压器可简化仪表结构，降低仪表成本，提高稳压精度，延长仪表寿命。

桑塔纳、奥迪轿车仪表板采用了专用的三端式电子稳压器，如图 8-12 所示。图中 A 脚为输出脚，2 脚为搭铁，E 为电源输入端。该稳压器输出电压为 9.5~10.5 V。

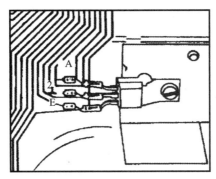

图 8-12 电子式仪表稳压器

❋ 任务二 报警系统

现代汽车为保证行车安全和提高车辆的可靠性，安装了许多报警装置。报警装置一般由传感器、报警灯（或蜂鸣器）等组成。下面介绍几种常见报警信号装置。

一、制动系低压报警装置

在采用气压制动的汽车上，一旦制动气压低于最小允许值时，制动系将不能正常工作而危及安全。所以此种汽车需装备制动系低压报警装置，当气压过低时报警灯随即点亮，以引起驾驶员注意。低气压报警传感器（开关）装在制动系贮气筒或制动阀压缩空气输入管道中，红色报警灯装在仪表板上。低气压报警传感器的结构如图 8-13 所示，当电源接通后，制动系气压下降到 340~370 kPa 时，由于作用在膜片 4 上的压力减小，于是在复位弹簧 3 的作用下触点闭合，电路接通，报警灯亮。当气压升高到 400 kPa 以上时，由于膜片 4 所受推力增大，压缩复位弹簧使触点打开，电路切断，报警灯熄灭。

二、机油压力报警装置

有些汽车上除装有机油压力表外，还装有机油压力报警装置。当润滑系统机油压力低于允许值时，报警灯即亮，以引起驾驶员注意。如图 8-14 所示为弹簧管式机油压力报警装置原理图，它由装在发动机主油道的弹簧管式传感器和装在仪表板上的红色报警灯组成。其传感器内管形弹簧 4 的一端经管接头 1 与发动机主油道相连，另一端与动触点 2 相连，静触点 3 经接触片与接线柱 5 相连。当电源开关闭合后，机油压力低于 50~90 kPa 时，管形弹簧 4 变形很小，触点闭合，电路接通，报警灯发亮，表示机油压力过低；当油压超过该值时，管形弹簧 4 产生的变形较大，使触点分开，电路切断，报警灯熄灭。

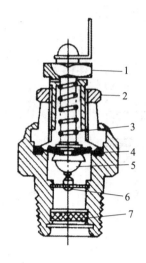

图 8-13 低气压报警传感器

1—调整螺钉；2—锁紧螺母；3—复位弹簧；4—膜片；
5—动触点；6—静触点；7—滤清器

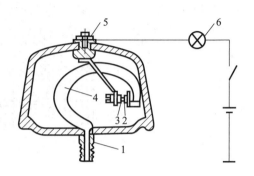

图 8-14 弹簧管式机油压力报警装置

1—管接头；2—动触点；3—静触点；
4—管形弹簧；5—接线柱；6—报警灯

三、燃油量报警装置

燃油量报警装置的作用是当油箱内燃油减少到规定值以下时，仪表板上的燃油量报警灯点亮，提醒驾驶员注意。如图 8-15 所示为热敏电阻式燃油量报警装置，它由热敏电阻式传感器和报警灯组成。当燃油多时，具有负温度特性的热敏电阻 1 浸泡在燃油中散热快，其温度较低，电阻值大，所以电路中电流很小，报警灯不亮。当燃油减少到规定值以下时，热敏电阻 1 露出油面，散热慢，温度升高，电阻值减小，电路中电流增大，报警灯点亮。

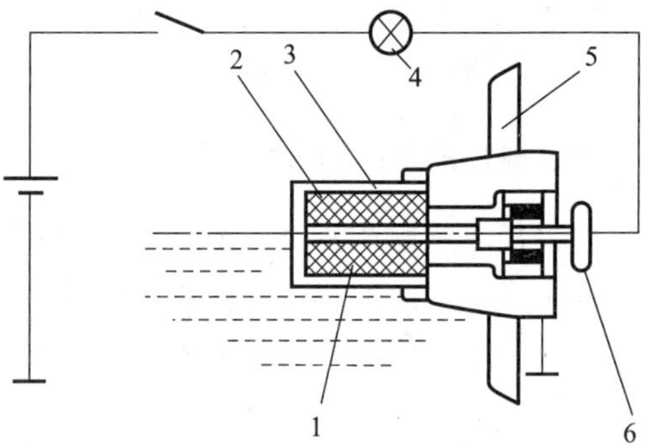

图 8-15 热敏电阻式燃油量报警装置

1—热敏电阻；2—防爆金属网；3—外壳；
4—报警灯；5—油箱外壳；6—接线杆

四、制动信号灯断线报警装置

如图 8-16 所示为制动信号灯断线报警装置电路图。汽车制动时，踩下制动踏板，制动灯开关接通，电流分别经线圈 4 和 6 使左右制动信号灯亮。此时两线圈所产生的磁场相互抵消，舌簧开关 5 保持断开，报警灯不亮。当某一制动信号灯不亮时，线圈 4（或 6）无电流通过，则通电线圈产生电磁吸力使舌簧开关闭合，报警灯 3 点亮。

五、蓄电池液面报警装置

如图 8-17 所示为蓄电池液面过低报警装置，它由传感器、放大器、报警灯等组成。传感器由铅棒和加液塞组成，通常安装在蓄电池正极桩数起第三个单格内。当蓄电池液面高度正常时，传感器的铅棒上的电位为 +8 V，从而使 VT_1 导通，VT_2 截止，报警灯不亮。当蓄电池液面在最低限以下时，传感器的铅棒就无法与电解液接触，铅棒就无正电位，从而使

VT_1 截止，VT_2 导通。报警灯电路接通，报警灯点亮。

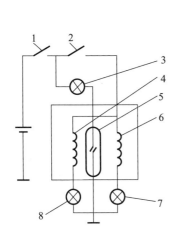 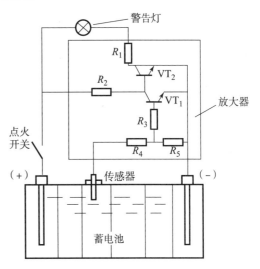

图 8-16 制动信号灯断线报警装置电路图
1—点火开关；2—制动灯开关；3—报警灯；
4,6—电磁线圈；5—舌簧开关；7,8—制动信号灯

图 8-17 蓄电池液面过低报警装置

六、冷却液温度报警装置

冷却液温度报警装置的作用是当发动机冷却液的温度达到或超过规定温度时，驾驶室仪表板上的冷却液温度报警灯就点亮报警，提醒驾驶员及时停车检查和冷却。

冷却液温度报警装置的结构如图 8-18 所示，当冷却液温度达到规定的极限温度时，双金属片受热变形，两触点相接触，报警灯点亮；当冷却液温度下降后，双金属片变形量减小，两触点又断开，报警灯熄灭。

七、制动液面报警装置

制动液面报警装置的作用是当制动液面过低时，发出报警信号，防止制动效能下降而出现事故。制动液面报警装置由传感器和报警灯组成。传感器安装在制动液储液罐内，其结构如图 8-19 所示。

外壳 1 内装有舌簧开关 3，舌簧开关 3 的两个接线柱 2 分别与报警灯、电源相连接，在浮子 5 上安装有永久磁铁 4。

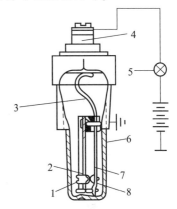

图 8-18 冷却液温度报警装置
1—调节螺钉；2—支架；3—导电片；
4—端钮铜接头；5—报警灯；6—接头壳体；
7—条形双金属片；8—触点

在制动液充足时，浮子的位置较高，此时永久磁铁高于舌簧开关的位置，舌簧开关处于断开状态，报警灯电路断开，报警灯不亮。当浮子随着液面下降到规定值以下时，永久磁铁就接近了舌簧开关，吸动开关使之闭合，接通报警灯电路，报警灯发光报警。

八、空气滤清器滤芯报警装置

空气滤清器滤芯报警装置的作用是当空气滤清器滤芯发生堵塞时，报警灯点亮起到报警作用。该报警装置由负压开关传感器和报警指示灯组成。负压开关传感器结构如图 8-20 所示。

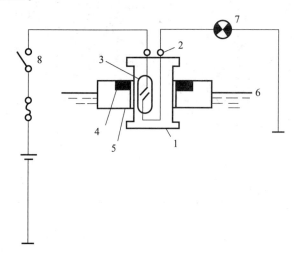

图 8-19　制动液面报警装置

1—舌簧开关外壳；2—接线柱；3—舌簧开关；4—永久磁铁；
5—浮子；6—制动液面；7—报警灯；8—点火开关

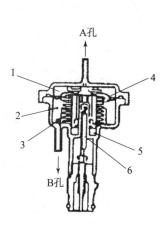

图 8-20　负压开关传感器

1—上气室；2—下气室；3—弹簧；
4—膜片；5—磁铁；6—舌簧开关

负压传感器上、下气室中的气压不相等时，产生压力差使膜片 4 移动，与膜片相连的磁铁 5 随之移动，在磁铁的作用下，舌簧开关 6 吸合或断开使电路接通或切断。

将负压传感器的 A 孔或 B 孔用连通管分别与空气滤清器滤芯的内外侧向连通，如图 8-21 所示。当滤芯未发生堵塞时，传感器上、下气室间压差小，膜片及磁铁的移动量小，舌簧开关处于断开状态；当滤芯发生堵塞时，传感器上、下气室间压差增大，膜片及磁铁的移动量增大，磁铁使舌簧开关磁化而闭合，接通报警灯电路，使其发光报警。

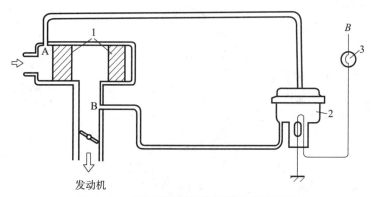

图 8-21　空气滤清器滤芯报警装置示意图

1—滤芯；2—负压传感器；3—报警灯

任务三　电子显示系统

一、汽车仪表电子化的优点

现代汽车，随着其电气设备不断增加，电气系统也变得越来越复杂。特别是在汽车上应用电子技术之后，常规指针式仪表已远远不能满足现代汽车新技术、高速度的要求。因此，汽车电子显示装置完全有逐步取代常规的指针仪表的可能性。

（1）电子显示装置能提供大量、复杂的信息。为适应汽车排气净化、节能、安全性和舒适性的要求，汽车电子控制装置必须能迅速、准确地处理各种复杂的信息，并以数字、文字或图形显示出来，供汽车驾驶员了解，并及时处理。汽车电子显示装置作为信息终端显示已经是大势所趋。

（2）能满足小型、轻量化的要求。为了能使有限的驾驶室空间尽可能地宽敞些，用于汽车的各种仪表及部件都必须小型、轻量化。电子显示装置不仅能适应各种传感器或控制系统的电子化，而且能实现小型轻薄化，这样既能加大汽车仪表台附近的宝贵空间，还能处理日益增多的信息。

（3）具有高精度和高可靠性。由于实现汽车仪表电子化，可为操纵者（或使用者）提供高精度的数据信息，也可免除机电式仪表中的那些可动部分，从而改善并提高了仪表的可靠性。

（4）具有一"表"多用的功能。采用电子显示器显示易于用一组显示器进行分时显示，并可同时显示几个信息，不必对每个信息都设置一个指示表，故使组合仪表得以简化。

二、汽车常用电子显示器件

电子显示器件大致分为两大类，即发光型和非发光型。发光型的显示器件有发光二极管（LED）、真空荧光管（VFD）、阴极射线管（CRT）、等离子显示器件（PDP）和电致发光显示器件（ELD）等。非发光型的有液晶显示器件（LCD）和电致变色显示器件（ECD）等。这些均可作为汽车电子显示器件使用。

1. 发光二极管（LED）

发光二极管发光的颜色有红、绿、黄、橙，可单独使用，也可用来组成数字。在实际应用中，常把它焊接到印制电路板上，以形成数字显示或带色光杆显示，如图 8 - 22 所示。图 8 - 23 所示即为用 7 只发光二极管组成的数码显示装置。有些仪表则用发光二极管所组成的光点矩阵型显示器。

LED 只适用于作汽车指示灯、数字符号段或点数不太多的光杆图形显示，不宜作大型显示。

2. 真空荧光管（VFD）

真空荧光管实际上是一种真空低压管，它由玻璃、金属等材料构成。真空荧光管（VFD）显示是一种主动显示，其发光原理与电视机中的显像管相似。真空荧光管的结构和工作原理如图 8 - 24 所示。图示为汽车用的数字式车速表的真空荧光显示屏，三位数字。其

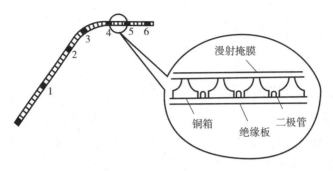

图8-22 发光二极管光杆显示

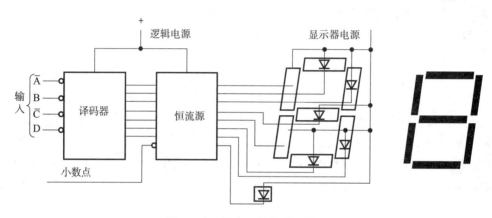

图8-23 发光二极管数码显示

阳极为20个字形笔画小段,上面涂有荧光体(或磷光体),各与一个接线柱连接,且笔画内部相互连接;其阴极为灯丝,在灯丝与笔画小段(阳极)之间插入栅格,其构造与一般电子管相似。整个装置密封在一个被抽空了的玻璃罩内。

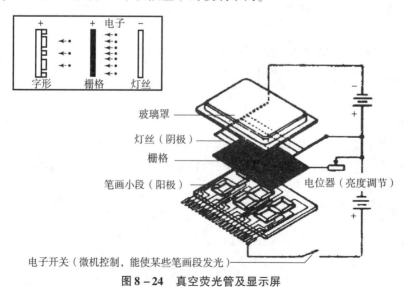

图8-24 真空荧光管及显示屏

当其阳极(字形)接至电源"+"极,而阴极(灯丝)与电源"-"极相接时,便获得一定的电源电压,其灯丝作为阴极发射电子(在电场力的作用下),栅格便控制着电子流加热并加速,使其射向阳极(字形)。由于玻璃管(罩)内抽成真空,前面装有平板玻璃、并配有滤色镜,故能使通过栅格轰击阳极(字形)的电子激发出亮光来,因而能显示出所要看到的东西。

VFD(真空荧光显示)具有色彩鲜艳、可见度高、立体感强等特点,是最早引入汽车仪表中的发光型显示器件,也是目前汽车上采用最多的一种。但由于做成大型的、多功能 VFD(真空荧光显示)成本较高,故现在大多由一些单功能小型的 VFD 组成汽车电子式仪表盘。

VFD 的缺点是:

(1)其发光的荧光粉接近于白色,使显示段与非显示段之间的对比度降低;

(2)由于 VFD 是一种真空管,为保持一定的强度,必须采用一定厚度的玻璃外壳,故体积和质量较大;

(3)驱动电路与显示器件难于一体化,实现大容量的难度较大。

但是,作为汽车用显示器件,还必须克服它的某些缺点,设法组成多功能复合型显示装置。目前国外已经试制成功大型的 VFD,它能构成显示汽车车速、发动机转速等各种电信号的彩色显示器。

3. 液晶显示器件(LCD)

液晶是一种有机化合物,它由长杆形分子构成。在一定的范围内,它具有普通液体的流动性质,也具有晶体的某些特征。

液晶显示(LCD)器件是一种新型的非发光型平板显示器件,其结构如图 8-25 所示。

它有两块厚约 1 mm 的玻璃基板,基板上涂有透明的导电材料,以形成电极图形,两玻璃基板间注入 5~20 μm 厚的液晶,再在两玻璃基板的外表面分别贴上起偏振片和检偏振片,并将整个显示板完全密封,以防湿气和氧气侵入,这便构成透射式 LCD。若在后玻璃基板的后面再加上反射镜,便组成反射—透射式 LCD。图 8-26 所示即为反射—透射式 LCD 结构原理示意图。

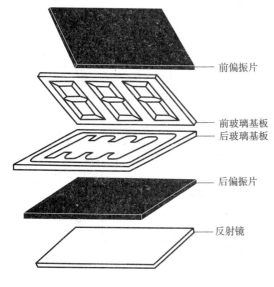

图 8-25 液晶显示结构

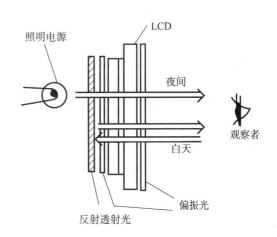

图 8-26 汽车仪表用反射—透射式 LCD 原理示意图

由于 LCD 为非发光型显示，所以夜间显示必须采用照明光源，这便削弱了它所具有的低功耗的优点；其次是 LCD 的低温响应特性较差；再就是 LCD 的显示图形不够华丽明显，这是所有非发光型显示器件共有的缺陷。

但是，LCD 的优点很多，其电极图形设计的自由度极高，设计成任意显示图形的工艺都很简单，这是作汽车用显示器件的一个很重要的优点，而且其工作电压低，一般为 3 V 左右，功耗小，且能很好地与 CMOS 电路相匹配。因为它有这些优点，LCD 常作为汽车电子钟和彩色光杆式仪表板在汽车上得到应用。

4. 阴极射线管（CRT）

阴极射线管（CRT）亦称为显像管或电子束管，它是一种特殊的真空管。其结构与原理和家用及办公用电脑彩色显示器相同。

由于 CRT 具有彩色显示、图像显示的灵活性大、分辨率和对比度高等特点，且具有 50～100 ℃ 的工作温度范围，有微秒级以下的响应速度，所以它是目前显示图像质量最高的一种显示器件。但是 CRT 作为汽车仪表盘显示用器件体积太大，即便扁平型的 CRT 作为汽车用，也还存在一些缺点。随着现代汽车向高度信息化显示的方向发展，CRT 已进一步小型化，一些大汽车公司已推出了彩色阴极射线管的汽车信息中心。

项目小结

（1）汽车仪表包括机油压力表、水温表、发动机转速表、燃油表、电流表、电压表，按照工作原理分为双金属片式、电磁式、动磁式仪表等。

（2）双金属片式水温表和燃油表配用可变电阻式传感器时，应在电路中串入仪表稳压器，其作用是当电源电压变化时稳定仪表平均电压，避免仪表的指示误差。

（3）汽车报警装置的目的是保证行车安全和提高车辆的可靠性，主要有制动系低压报警装置、机油压力报警装置、燃油量报警装置、蓄电池液面报警装置、冷却液温度报警装置、制动液面报警装置、空气滤清器滤芯报警装置等。

（4）汽车电子显示装置与传统仪表及报警装置相比具有很多优点，在高档汽车上应用越来越广泛，主要的显示器件有发光二极管、真空荧光管、液晶显示器件、阴极射线管。

习题与思考

1. 汽车常用仪表有哪些？各有何作用？
2. 汽车上有哪些报警装置？各有何作用？
3. 仪表稳压器的作用是什么？
4. 汽车电子显示系统有哪些优点？其使用的显示器件有哪些？
5. 简述奥迪 A6 轿车组合仪表的组成及故障诊断方法。

项目九

汽车总线

- 掌握车载网络系统的作用和组成；
- 掌握常见车载网络的种类以及各自的应用场合；
- 掌握车载网络系统的工作原理；
- 掌握 CAN 网络系统常见故障。

任务一　汽车总线概述

一、为什么采用总线技术

随着电子技术的迅速发展和在汽车上的广泛应用，汽车电子化程度越来越高，汽车上的电控装置也越来越多，例如电子燃油喷射装置、防抱死制动装置（ABS）、驱动防滑系统（ASR）、电控自动变速器、安全气囊、主动悬架、电动门窗等。集成电路和单片机在汽车上的广泛使用，大大增加了汽车上电子控制器的数量，使得线路越来越复杂。

为了简化线路，提高各电控单元之间的通信速度，汽车制造商开发设计了新的总线系统，即车载网络系统，把众多的电控单元连成网络，其信号通过数据总线的形式传输，可以达到信息资源共享的目的。

车载网络系统的出现同时也提高了汽车综合控制的准确性，当电控单元共享输入信息时，就能对汽车进行更为复杂的控制。例如，发动机控制单元可以利用来自安全气囊控制单元的碰撞信号来决定电动燃油泵控制电路是否需要被切断。如图 9-1 所示为典型的车载网络系统结构图。

传统车门控制中线的数量是几十根数量级，采用网络化后，线束的数量可以降为 10 根以内，大大节约了线束的使用，提高了车辆的可靠性。

二、采用网络化后的优点

车辆电控系统采用网络化后，产生了以下优势：

（1）减轻整车重量（经济）。减少线束，部分线束变细，节省其他空间，单个线束所承载的功能增加。

（2）节约成本。线束减少，传感器共享，可以实现控制器和执行器的就近原则。

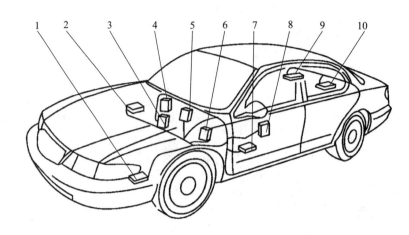

图 9-1 典型汽车车载网络系统结构

1—ABS 模块；2—动力系统控制模块（PCM）；3—电子自动温度控制（EATC）；4—集成控制板（ICP）；
5—虚像组合仪表；6—照明控制模块（LCM）；7—驾驶员座椅模块（DSM）；
8—驾驶员车门模块（DDM）；9—移动电话模块；10—汽车动态模块

（3）提高质量可靠性。插头减少（比如方向盘模块减少 45 个接点），100% 直接进行故障诊断信息传输快速准确。

（4）减少装配时间。减少了装配步骤，以及系统测试时间。

（5）增大开发余地。更多通过软件进行技术更改，各控制器可以把整车功能相对随意地分担。

三、车载网络的发展史

从 1980 年起，汽车内开始采用网络化系统。传统线束车门控制系统如图 9-2 所示，网络化车门控制系统如图 9-3 所示。1983 年，丰田公司在世纪牌汽车上最早采用了应用总线的车门控制系统，实现了多个节点的连接通信。此系统采用了集中控制方法，车身 ECU 对各个车门的门锁、电动玻璃窗进行控制。

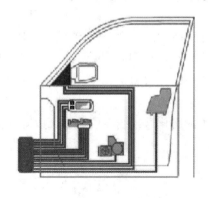
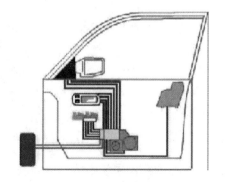

图 9-2 传统线束车门控制系统　　　　图 9-3 网络化车门控制系统

1986—1989 年间，在车身系统上采用了利用铜线的网络。1987 年，作为集中型控制系统，日产公司的车门采用了网络化设计，此时 GM 公司的车灯控制系统已处于批量生产的阶段。

在这段时期内，德国的 Bosch 公司提出了汽车车载局域网（LAN）的基本协议，该协议即为控制器局域网（Controller Area Network），简称为 CAN。目前控制系统局域网中应用最广的标准就是 CAN 网络协议。

日本也提出了各种各样的网络方案，丰田、日产、三菱、本田以及马自达公司都已处于批量生产的阶段，但没有统一以车身系统为主的控制方式。

现在欧洲又以与 CAN 协议不同的思路提出了控制系统的新协议 TTP（Time Triggered Protocol），并在 X – by – wire 系统，即线控操作中开始应用。为实现音响系统的数字化，建立起将音频数据和信号系统综合在一起的 AV 网络。由于这种网络须将大容量的数据连续输出，故这种网络上将采用光缆。

今后，当对汽车引入智能交通系统（ITS）时，由于要与车外交换数据，所以在信息系统中将采用更大容量的网络，例如 DDB/Optical（Domestic Digital Bus/Optical）、MOST（Media Oriented System Transport）、IEEE 1394 等。

任务二 汽车常见网络系统

根据应用场合和使用条件，目前汽车上常见的网络有 LIN、CAN、MOST 等种类。

一、LIN 网络技术

1. LIN 网络的特点

LIN（Local Interconnect Network，局域互联网络），是由 Audi、BMW、Daimler – Chrysler、Motorola、Volcano Communications Technologies（VCT）、Volkswagen 和 Volvo 等公司提出的一个汽车底层网络协议，其目的是给出一个价格低廉、性能可靠的低速网，在汽车网络层次结构中作为低端网络的通用协议，并逐渐取代目前各种各样的低端总线系统，成为 A 类车载网络的主流总线协议之一。

LIN 总线主要有以下特点：

（1）总线通信基于低成本的通用 UART/SCI 接口，几乎所有微控制器都具备 LIN 必需的硬件，因此 LIN 总线具有很好的通用性。

（2）采用低成本单线 12 V 传输数据，总线的驱动和接收特性符合改进的 ISO9141 标准。

（3）传输速率最高可达 20 Kb/s。

（4）单主控器/多从设备模式，无须仲裁机制。

（5）理论上从节点不需要晶振或陶瓷振荡器就能实现自同步，节省了从节点设备的硬件成本。

（6）保证信号传输的延迟时间。

（7）无须对 LIN 从节点的硬件和软件进行更改就可以在网络上增加或删除网络节点。

（8）通常一个 LIN 网络上节点数目小于 12 个，共有 64 个标志符。

LIN 总线出现的初衷并不是用来完全取代现有的汽车网络，而是对现有的汽车网络（例如 CAN 总线）进行补充和辅助，以更低廉的成本实现传感器、执行器的电气连接。

引入 LIN 协议后，几乎所有电控单元和它们的传感器和执行器之间的连接，都已经实现多路传输。由于建立了一个连接传感器/执行器与电控单元的二级网络,原来 CAN 网络中的次级组将会取消,其网络拓扑图如图 9-4 所示。

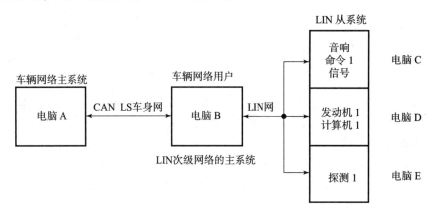

图 9-4 采用 LIN 网络的系统结构

2. LIN 总线的通信机制

LIN 总线网络由一个主节点、一个或多个从节点组成。所有节点都包含一个从任务(Slave Task)模块,用于负责消息的发送和接收;主节点还包含一个主任务(Master Task)模块,用于负责启动网络中的通信。

主任务模块发送一个报文头用于启动一次通信过程。所有节点中的从任务模块都对所接收到的报文头中的标志符进行监测,发现本次通信与自己有关时就进行相关的操作,例如接收由数据场与校验场组成的响应或是发送由数据场与校验场组成的响应。这种机制可以确保主—从节点、从—从节点之间多种方式的数据交换。

LIN 协议在同一总线上的最大节点数量为 16,系统中两个电控单元之间的最大距离为 40 m。

传输介质即 LIN 信号传输的物质载体或者非物质载体,这个在 LIN 标准中并没有强制规定。LIN 网络一般使用一根单独的铜线作为传输介质。

它用 12 V 电池的电压值,LIN 总线的电平如图 9-5 所示。

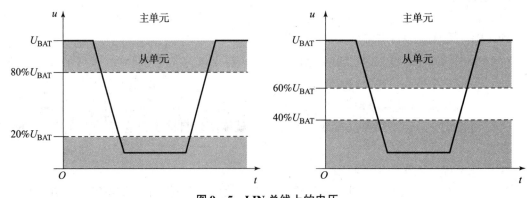

图 9-5 LIN 总线上的电压

二、CAN 网络技术

CAN 起源于现代社会,对汽车的要求不断提高,这些要求包括:极高的主动安全性和被动安全性，乘坐的舒适性，驾驶与使用的便捷和人性化，尤其是低排放和低油耗的要求等。

在汽车设计中运用微处理器及其电控技术是满足这些要求的最好方法，而且已经得到了广泛的运用。目前这些系统有：ABS（防抱死系统）、EBD（制动力分配系统）、EMS（发动机管理系统）、多功能数字化仪表、主动悬架、导航系统、电子防盗系统、自动空调和自动CD机等。

(一) CAN 网络基础

CAN（Controller Aera Network），即控制器局域网络。由于其高性能、高可靠性及独特的设计，CAN 越来越受到人们的重视。

CAN 最初是由德国的 Bosch 公司为汽车监测、控制系统而设计的。现代汽车越来越多地采用电子装置控制，如发动机的点火、喷油正时控制，加速、刹车控制及复杂的防抱死系统等。由于这些控制需检测及交换大量数据，采用硬件信号线的方式不但烦琐、昂贵，而且难以解决问题，采用 CAN 总线可使上述问题得到很好的解决。

20 世纪 80 年代，Bosch 的工程人员开始研究用于汽车的串行总线系统，因为当时还没有一个网络协议能完全满足汽车工程的要求。参加研究的还有 Mercedes – Benz 公司、Intel 公司及德国两所大学的教授。其后，CAN 网络的发展大致经历了以下这些阶段。

1986 年，Bosch 在 SAE（汽车工程人员协会）大会上提出了 CAN。

1987 年，Intel 就推出了第一片 CAN 控制芯片——82526；随后 Philips 半导体推出了 82C200。

1993 年，CAN 的国际标准 ISO11898 公布，从此 CAN 协议被广泛地用于各类自动化控制领域。

1992 年，CIA（CAN in Automation）用户组织成立，之后制定了第一个 CAN 应用层"CAL"。

1994 年，美国汽车工程师协会以 CAN 为基础制定了 SAEJ1939 标准，用于卡车、巴士控制和通信网络。

到今天，几乎每一辆欧洲生产的轿车上都有 CAN；高级客车上有两套 CAN，通过网关互联；1999 年一年就有近 6 千万个 CAN 控制器投入使用；2000 年销售 1 亿多 CAN 的芯片；2001 年用在汽车上的 CAN 节点数目超过 1 亿个。但是轿车上基于 CAN 的控制网络至今仍是各大公司自成系统，没有一个统一标准。

除了汽车上，CAN 网络系统在冶金、电力、水处理、乳品饮料、烟草、水泥、石化、矿山等各个行业得到成功应用，其低成本和高可靠性已经得到广泛认同。

目前汽车上的网络连接方式主要采用两条 CAN 网络系统，如图 9 – 6 所示。

一条用于驱动系统的高速 CAN，速率达到 500 Kb/s。主要面向实时性要求较高的控制单元，如发动机、电动机、变速箱、刹车等动力总成系统。

另一条用于车身系统的低速 CAN，速率是 100 Kb/s。主要是针对车身控制，如车灯、车门、车窗等信号的采集以及反馈。其特征是信号多但实时性要求低，因此实现成本要求低。

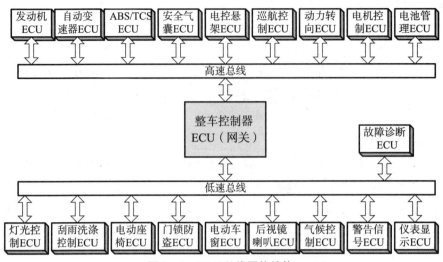

图 9-6　CAN 总线网络结构

CAN 总线特点如下：

（1）网络上任意一个节点均可以在任意时刻主动地向网络上的其他节点发送信息，而不分主从，通信方式灵活。

（2）网络上的节点（信息）可分成不同的优先级，以满足不同的实时要求。

（3）采用非破坏性位仲裁总线结构机制，当两个节点同时向网络上传送信息时，优先级低的节点主动停止数据发送，而优先级高的节点可不受影响地继续传输数据。

（4）可以点对点、一点对多点（成组）及全局广播几种传送方式接收数据。

（5）直接通信距离最远可达 10 km（速率 5 Kb/s 以下）。

（6）通信速率最高可达 1 MB/s，此时距离最长 40 m。

（7）节点数实际可达 110 个。

（8）采用短帧结构，每一帧的有效字节数为 8 个。

（9）每帧信息都有 CRC 校验及其他检错措施，数据出错率极低。

（10）通信介质可采用双绞线、同轴电缆或光导纤维，一般采用廉价的双绞线即可，无特殊要求。

（11）节点在错误严重的情况下，具有自动关闭总线的功能，切断它与总线的联系，以使总线上的其他操作不受影响。

（二）CAN 网络基本组成

1. CAN 网络系统工作原理

CAN 网络的数据传输原理在很大程度上类似电话会议，如图 9-7 所示，一个电话用户（如发动机 ECU）在网络上发言（将数据传输到网络中，如发动机水温信息），而其他用户可以"收听"到这些数据。一些电控单元（如变速器 ECU、组合仪表）认为这些数据对它有用，它就接收并且使用这些数据，而其他电控单元（如 ABS 电控单元、泊车辅助 ECU）认为不需要这些数据，于是不理会这些数据。

数据总线里的数据一次性传递给所有的电控单元，各电控单元根据自己与网上数据的关系决定自己的取舍，CAN 总线传输信息过程示意如图 9-8 所示。

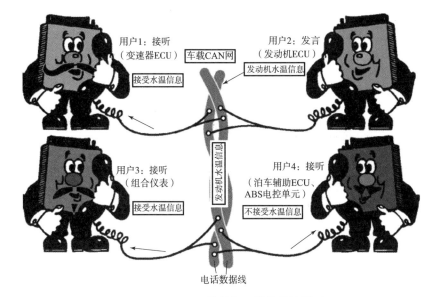

图 9-7　CAN 网络数据总线的传输原理

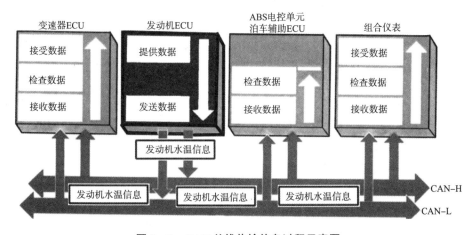

图 9-8　CAN 总线传输信息过程示意图

2. CAN 网络系统硬件组成

CAN 总线采用双绞线自身校验的结构，如图 9-9 所示，既可以防止电磁干扰对传输信息的影响，也可以防止本身对外界的干扰。系统中采用高低电平两根数据线，控制器输出的信号同时向两根通信线发送，高低电平互为镜像。并且每一个控制器都增加了终端电阻，以减少数据传送时的过调效应，如图 9-10 所示。

图 9-9　CAN 双绞线

CAN 网络可靠性提高的一个重要原因是利用差分信号，这样可以消除干扰；另一个原因在于一根信号出现问题时，另外一根线可以继续工作，网络系统进入单总线模式。

如图 9-11 所示，CAN-H 高线的电压在 3.5 V 和 2.5 V 之间跳变，CAN-L 低线的电压在 2.0 V 和 0 V 之间跳变，它们之间的电压差作为最终逻辑"0"和"1"的定义，显性即为逻辑"0"，隐性即为逻辑"1"。

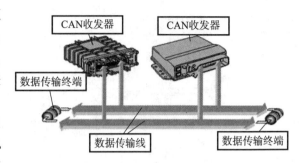

图 9-10　CAN 系统信息传递网络

3. 典型车型的 CAN 网络结构

（1）大众车系网络系统。

大众轿车的车载网络总体架构如图 9-12 所示，大众轿车的车载网络有 4 个部分：一是 CAN 驱动网，主要包括发动机 ECU、自动变速器 ECU、ABS 电控单元、电动助力转向 ECU 等，信息传递速度为 500 Kb/s；二是 CAN 舒适网，主要包括中央电器系统 ECU、空调控制单元、舒适系统控制单元等，信息传递速度为 100 Kb/s；三是 CAN 信息娱乐网，主要包括收音机、数字音响组件、车载电话等，信息传递速度为 100 Kb/s；

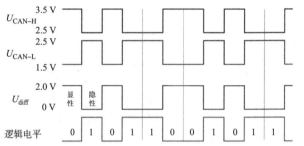

图 9-11　电压波形与逻辑电平定义

四是 LIN 网，主要包括方向盘上多功能模块、雨刮电机控制单元、雨水阳光传感器、报警喇叭等，信息传递速度为 19.2 Kb/s。

在大众轿车上，不同网络和网速的电控单元之间进行信息传递，必须由网关来进行管理。其 CAN 网络系统如图 9-12 所示。

（2）雪铁龙网络系统。

雪铁龙 C5 上各电控单元分布在 CAN 高速网、CAN 车身网、CAN 舒适网和 LIN 网中，车载网络的总体架构如图 9-13 所示。

C5 轿车 CAN 高速网包括的电控单元有：BSI 智能控制盒（在仪表台的左下方）、1320 发动机 ECU（在蓄电池后方）、1630 自动变速器 ECU（在发动机舱左方、变速器箱体上）、7800 ESP 电控单元（ESP 电控单元与液压单元集成为一体，它装在发动机舱左侧，即蓄电池的前方）、7130 转向盘角度传感器（注：它实际上也是 1 个具有 ECU 功能的元件）、6606 转向大灯系统 ECU（在蓄电池的右侧）、7600 轮胎气压监测 ECU（在行李厢左侧）、7804 偏航率传感器（注：它实际上也是一个具有 ECU 功能的元件，装在驾驶室变速器换挡杆左侧）等电控单元。

C5 轿车的 CAN 车身网包括的电控单元有：BSI 智能控制盒、CV00 转向盘下转换模块（在转向盘下方）、PSF1 发动机舱控制盒（在发动机舱左侧）、5008 雨水阳光传感器（在前

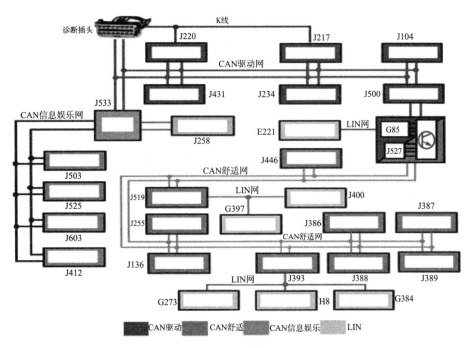

图 9-12 大众车系 CAN 网络系统图

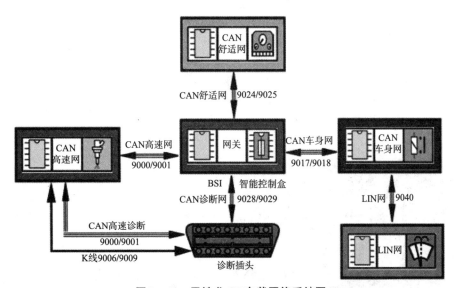

图 9-13 雪铁龙 C5 车载网络系统图

风窗玻璃正上方)、6570 安全气囊 ECU (在驾驶室变速器换挡杆前方)、8602 防盗报警 ECU (装在发动机舱左下方)。

CAN 舒适网包括的电控单元有:BSI 智能控制盒、0004 组合仪表 (在仪表台左上方)、6036 左前车门 ECU (在左前车门开关面板上)、6338 驾驶员座椅 ECU (在驾驶员座椅下方)、7215 多功能显示屏 (装在仪表台中部)、7500 泊车辅助 ECU (装在行李厢左侧)、双区空调 ECU (装在空调控制面板上,双区空调的特点是可以分别控制驾驶员位置和副驾驶员位置空调出风口的温度)、音响功放 ECU (装在仪表台右下方)、汽车音响及导航 ECU (在空调控制面板的下方)。

以上两种车型的车载 CAN 网络系统均是以网关为核心，根据使用场合分为高低速系统的结构。

4. CAN 网络系统故障

在实际使用过程中，CAN 网络经常出现的故障有以下几类。

（1）CAN 网络断路故障。

CAN 网络双绞线中的某一根线断路，例如 CAN 网络的 L 线断路，如图 9-14 所示，此时允许单总线模式的车辆就会进入单总线模式，断路的 L 侧测得的电压的波形为恒定的 2.5 V，未发生故障的 H 线电压波形正常，其 H、L 线示波器波形如图 9-15 所示。反之，H 线断路情况亦然。

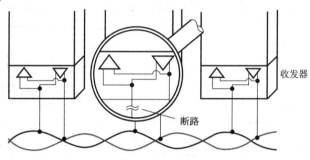

图 9-14　CAN 的 L 线断路

（2）CAN 网络与地或者电源短接。

CAN 网络双绞线中的某一根与地短路，例如 CAN 网络的 L 线与地短路如图 9-16 所示，此时允许单总线模式的车辆就会进入单总线模式，短路的 L 侧测得的电压的波形为恒定的 0 V，未发生故障的 H 线电压波形正常，其 H、L 线示波器波形如图 9-17 所示。如果 L 线与电源线短路，则测得的电压恒定为某一电压数值，未发生故障的 H 线电压波形正常。

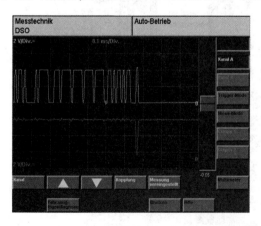

图 9-15　CAN 的 H、L 线示波器
波形（L 线断路）

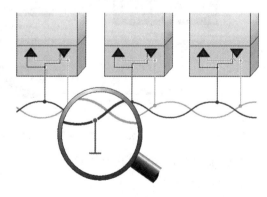

图 9-16　CAN 的 L 线与地短接

（3）CAN 网络的 H、L 线相互短路。

CAN 网络双绞线中的 H、L 线相互短接，如图 9-18 所示，此时系统无法进行工作。CAN 的高低线波形一致，其 H、L 线示波器波形如图 9-19 所示。

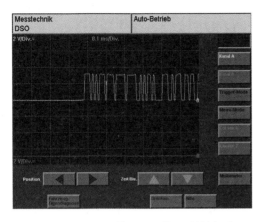

图 9-17　CAN 的 H、L 线示波器波形
（L 线与地短接）

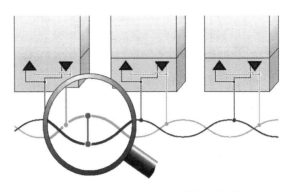

图 9-18　CAN 的 H、L 线相互短接

（4）CAN 网络的 H、L 线交叉短接。

CAN 网络双绞线中的 H、L 线交叉短接，如图 9-20 所示，此时系统无法进行工作。CAN 的高低线与正常波形反置，如图 9-21 所示。

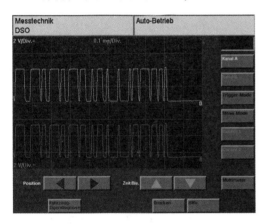

图 9-19　CAN 的 H、L 线示波器波形
（H、L 线相互短接）

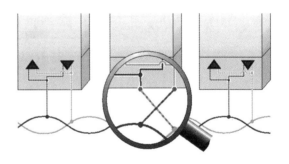

图 9-20　CAN 的 H、L 线交叉短接

三、MOST 网络技术

MOST（Media Oriented Systems Transport）是媒体信息传送的网络标准，通过采用 MOST，不仅可以减轻连接各部件线束的质量、降低噪声，而且可以减轻系统开发技术人员的负担，最终在用户处实现各种设备的集中控制。该技术是光纤传输信号，利用发光二极管将信息调制成光信号进行传输，接收端再通过光导装置转化为电信号，电信号由单片机解析，如图 9-22 所示。

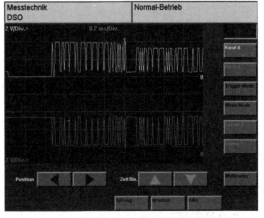

图 9-21　CAN 的 H、L 线示波器波形
（H、L 线交叉短接）

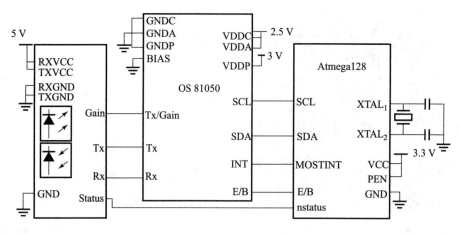

图 9-22 MOST 信号传输控制系统

光纤的功能是将在某一控制单元发射器内产生的光波传送到另一控制单元的接收器,传递路径如图 9-23 所示。

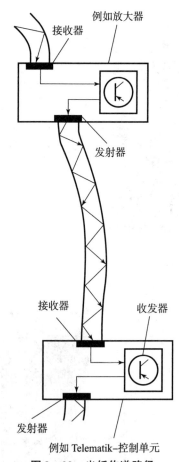

图 9-23 光纤传递路径

光波是直线传播的,且不可弯曲,但光波在光纤内必须以弯曲的形式传播。发射器与接收器之间的距离可以达到数米远。

汽车行业已经把 MOST 技术作为将来汽车上多媒体系统的一个标准，以满足多媒体影音娱乐系统、卫星电话等大量的实时数据交换，如图 9-24 所示。

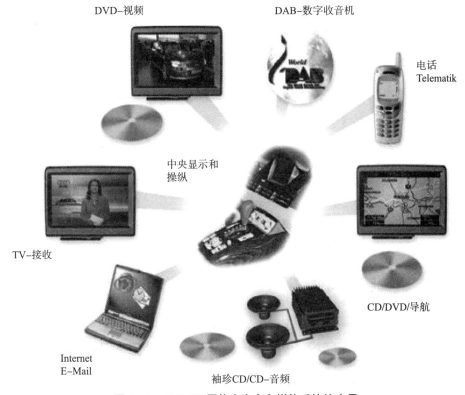

图 9-24　MOST 网络在汽车多媒体系统的应用

项目小结

（1）车载网络的作用：为了简化线路，提高各电控单元之间的通信速度，汽车制造商开发设计了新的总线系统，即车载网络系统，把众多的电控单元连成网络，其信号通过数据总线的形式传输，可以达到信息资源共享的目的。

（2）目前汽车上常见的网络有 LIN、CAN、MOST 等种类，分别应用于低速的车门车窗、高速的动力总成、多媒体影音娱乐。

（3）LIN 网络是单线控制通信，通信速度慢。CAN 网络是双绞线，利用差分信号，抗干扰性能好，通信速度高。

（4）大众轿车的车载网络有 4 个部分，一是 CAN 驱动网，主要包括发动机 ECU、自动变速器 ECU、ABS 电控单元、电动助力转向 ECU 等，信息传递速度为 500 Kb/s；二是 CAN 舒适网，主要包括中央电器系统 ECU、空调控制单元、舒适系统控制单元等，信息传递速度为 100 Kb/s；三是 CAN 信息娱乐网，主要包括收音机、数字音响组件、车载电话等，信息传递速度为 100 Kb/s；四是 LIN 网，主要包括方向盘上多功能模块、雨刮电机控制单元、雨水阳光传感器、报警喇叭等，信息传递速度为 19.2 Kb/s。

（5）CAN 网络常见的故障有：断路、短路、交叉短接等。

习题与思考

一、填空题

1. 在驱动系统 CAN 总线的信号波形中，在显性状态时，CAN-H 线和 CAN-L 线的电压分别约为_____V 和_____V，在隐性状态时，这两条线的电压均为_____V，这个电压也称为_____。

2. CAN-H 信号和 CAN-L 信号经过_____处理后，可最大限度地消除干扰的影响。

3. 常见的汽车网络类型有：_____、_____、_____、_____。

4. CAN 网络主要应用于_____。

二、选择题

1. 下列是 CAN 网络典型故障波形，属于 CAN-H 线和 CAN-L 线短路故障的是（　　）。

A.

B.

C.

D.

2. 在汽车 CAN 总线系统的局域网中，传输速率是 500 Kb/s 的是（　　）。
   A. 舒适系统　　　B. 诊断系统　　　C. 信息系统　　　D. 仪表系统

3. LIN 网络的通信速度可以达到（　　）。
   A. 1 Kb/s　　　B. 10 Kb/s　　　C. 100 Kb/s　　　D. 500 Kb/s

4. 以下不属于汽车网络系统的是（　　）。
   A. MOST　　　B. LIN　　　C. CAN　　　D. EHT

三、判断题

1. LIN 数据总线是 CAN 数据总线的子网，它只有 1 根数据线，1 个主控制单元最少可以连接 16 个子控制单元。（　　）

2. 在点火开关关闭的情况下，为了降低耗电，连接在 CAN 数据总线上的控制单元被置于睡眠模式。（　　）

3. 当两条 CAN 总线 CAN-H 和 CAN-L 的其中一条线断路时,整个驱动系统将无法进行工作。   ( )

4. CAN 总线系统里面还存在 LIN 系统,其传输速率为 20 Kb/s,整个 CAN 总线系统最大可承载 1 000 Kb/s。   ( )

5. 驱动 CAN 总线系统和舒适 CAN 总线系统中的 CAN-H 和 CAN-L 之间都不通过电阻相连,而是彼此独立作为电压源来工作。   ( )

四、思考题

网关信息传输过程如图 9-25 所示,请根据图来试着描述一下信息从驱动系统 CAN 总线到舒适系统 CAN 总线的传输过程。

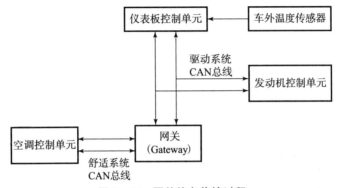

图 9-25 网关信息传输过程

项目十

汽车电路的识图

- 掌握汽车电路中常用图形符号、有关标志、接线柱标记的具体含义；
- 掌握汽车电路识图的一般方法。

任务一 常用图形符号与有关标志

一、汽车电路图中常用的图形符号

汽车电路图中常用的图形符号如表10-1所示。

表10-1 常用图形符号

序号	名称	图形符号	序号	名称	图形符号
(一) 常用基本符号					
1	直流	—	6	中性点	N
2	交流	∼	7	磁场	F
3	交直流	≈	8	搭铁	⊥
4	正极	+	9	交流发电机输出接线柱	B
5	负极	-	10	磁场二极管输出端	D_+
(二) 导线端子和导线连接					
11	接点	●	15	导线的交叉连接	┼
12	端子	○	16	插座的一个极	─<
13	导线的连接	─○─	17	插头的一个极	──
14	导线的分支连接	┯	18	插头和插座	──(

续表

	(二)导线端子和导线连接				
19	多极插头和插座(示出的为三极)		20	接通的连接片	
			21	断开的连接片	
			22	屏蔽导线	
	(三)触点开关				
23	动合(常开)触点		38	温度控制	
24	动断(常闭)触点		39	压力控制	
25	先断后合的触点		40	制动压力控制	
26	中间断开的双向触点		41	液位控制	
27	双动合触点		42	凸轮控制	
28	双动断触点		43	联动开关	
29	单动断双动合触点		44	手动开关的一般符号	
30	双动断单动合触点		45	定位开关(非自动复位)	
31	一般情况下手动控制		46	按钮开关	
32	拉拨操作		47	能定位的按钮开关	
33	旋转操作		48	拉拨开关	
34	推动操作		49	旋转、旋钮开关	
35	一般机械操作		50	液位控制开关	
36	钥匙操作		51	机油滤清器报警开关	
37	热执行器操作		52	热敏开关动合触点	

项目十 汽车电路的识图

173

续表

（三）触点开关					
53	热敏开关动断触点		57	推拉多挡开关位置	
54	热敏自动开关的动断触点		58	钥匙开关（全部定位）	
55	热继电器触点		59	多挡开关、点火、起动开关，瞬时位置	
56	旋转多挡开关位置		60	节流阀开关	
（四）电气元件					
61	电阻器		74	穿心电容器	
62	可变电阻器		75	半导体二极管一般符号	
63	压敏电阻器		76	稳压二极管	
64	热敏电阻器		77	发光二极管	
65	滑线式变阻器		78	双向二极管（变阻二极管）	
66	分路器		79	三极晶体闸流管	
67	滑动触点电位器		80	光电二极管	
68	仪表照明调光电阻器		81	PNP 型三极管	
69	光敏电阻		82	集电极接管壳三极管（NPN）	
70	加热元件、电热塞		83	具有 2 个电极的压电晶体	
71	电容器		84	电感器、线圈、绕组、扼流圈	
72	可变电容器		85	带铁芯的电感器	
73	极性电容器		86	熔断器	

续表

		(四)电气元件			
87	易熔线	∽	92	两个绕组电磁铁	
88	电路断电器	∽∽	93	不同方向绕组电磁铁	
89	永久磁铁		94	触点常开的继电器	
90	操作器件一般符号		95	触点常闭的继电器	
91	一个绕组电磁铁				

		(五)仪表			
96	指示仪表	⊙	103	转速表	ⓝ
97	电压表	Ⓥ	104	温度表	(t°)
98	电流表	Ⓐ	105	燃油表	(0)
99	电压、电流表	Ⓐ/Ⓥ	106	车速里程表	Ⓥ
100	欧姆表	Ω	107	电钟	
101	瓦特表	Ⓦ	108	数字式电钟	
102	油压表	(OP)			

		(六)传感器			
109	传感器的一般符号		114	油压表传感器	OP
110	温度表传感器	t°	115	空气质量传感器	m
111	空气温度传感器	tn	116	空气流量传感器	AF
112	水温传感器	tw	117	氧传感器	λ
113	燃油表传感器	Q	118	爆震传感器	K

续表

			(六）传感器		
119	转速传感器		121	空气压力传感器	
120	速度传感器		122	制动压力传感器	
			(七）电气设备		
123	照明灯、信号灯、仪表灯、指示灯		137	温度补偿器	
124	双丝灯		138	电磁阀一般符号	
125	荧光灯		139	常开电磁阀	
126	组合灯		140	常闭电磁阀	
127	预热指示器		141	电磁离合器	
128	电喇叭		142	用电动机操纵的怠速调整装置	
129	扬声器		143	过电压保护装置	
130	蜂鸣器		144	过电流保护装置	
131	报警器、电警笛		145	加热器（出霜器）	
132	信号发生器		146	振荡器	
133	脉冲发生器		147	变换器、转换器	
134	闪光器		148	光电发生器	
135	霍尔信号发生器		149	空气调节器	
136	磁感应信号发生器		150	滤波器	

续表

	（七）电气设备				
151	稳压器		168	温度调节器	
152	点烟器		169	串励绕组	
153	热继电器		170	并励或他励绕组	
154	间歇刮水继电器		171	集电环或换向器上的电刷	
155	防盗报警系统		172	直流电动机	
156	天线一般符号		173	串励直流电动机	
157	发射机		174	并励直流电动机	
158	收放机		175	永磁直流电动机	
159	内部通信联络及音乐系统		176	起动机（带电磁开头）	
160	收放机		177	燃油泵电动机、洗涤电动机	
161	天线电话		178	晶体管电动汽油泵	
162	收放机		179	加热定时器	
163	点火线圈		180	点火电子组件	
164	分电器		181	风扇电动机	
165	火花塞		182	刮水电动机	
166	电压调节器		183	电动天线	
167	转速调节器		184	直流伺服电动机	

项目十 汽车电路的识图

177

续表

(七) 电气设备					
185	直流发电机	Ⓖ	190	外接电压调节器与交流发电机	
186	星形连接的三相绕组		191	整体式交流发电机	
187	三角形连接的三相绕组		192	蓄电池	⊣⊢
188	定子绕组为星形连接的交流发电机		193	蓄电池组	⊣⊢⊣⊢
189	定子绕组为三角形连接的交流发电机				

1. 基本符号

基本符号不能单独使用，不表示独立的电气元件，只说明电路的某些特征。如："—"表示直流，"~"表示交流，"+"表示电源的正极，"−"表示电源的负极，"N"表示中性线。

2. 一般符号

一般符号用以表示一类产品和此类产品特征的一种简单符号。如：⊗表示指示仪表的一般符号，⊠表示传感器的一般符号。一般符号广义上代表各类元器件。另外，也可以表示没有附加信息或功能的具体元器件，如一般电阻、电容等。

3. 明细符号

明细符号表示某一种具体的电气元件。它是由基本符号、一般符号、物理量符号、文字符号等组合派生出来的。如：⊛是指示仪表的一般符号，当要表示电流、电压的种类和特点时，将"*"处换成"A""V"，就成为明细符号。Ⓐ表示电流表，Ⓥ表示电压表。

另外，对标准中没有规定的符号，可以选取标准中给定的基本符号、一般符号和明细符号，按规定的组合原则进行派生，以构成完整的元件或设备的图形符号，但在图样的空白处必须加以说明，如表10-2所示。将天线的一般符号和直流电动机的一般符号进行组合，就构成了电动天线的图形符号。

表10-2 电动天线的组合示例

图形符号	说明
Y	天线的一般符号
Ⓜ	直流电动机的一般符号
Ⓜ/Y	电动机天线的派生符号

4. 图形符号的使用原则

(1) 首先选用优选型。

(2) 在满足条件的情况下,首先采用最简单的形式,但图形符号必须完整。

(3) 在同一份电路图中同一图形符号采用同一种形式。

(4) 符号方位不是固定的,在不改变符号意义的前提下,符号可根据图面布置的需要旋转或成镜像放置,但文字和指示方向不得倒置。

(5) 图形符号中一般没有端子代号,如果端子代号是符号的一部分,则端子代号必须画出。

(6) 导线符号可以用不同宽度的线条表示,如电源线路(主电路)可用粗实线表示,控制、保护线路(辅助电路)则用细实线表示。

(7) 一般连接线不是图形符号的组成部分,方位可根据实际需要布置。

(8) 符号的意义由其形式决定,可根据需要进行缩小或放大。

(9) 图形符号表示的是在无电压、无外力的常规状态。

(10) 图形符号中的文字符号、物理量符号,应视为图形符号的组成部分。当用这些符号不能满足标注时,可按有关标准加以补充。

(11) 电路图中若未采用规定的图形符号,必须加以说明。

二、汽车电路图中常用的文字符号

文字符号由电气设备、装置和元器件的种类(名称)字母代码和功能(与状态、特征)字母代码组成,用于电气技术领域中技术文件的编制,也可标注在电气设备、装置和元器件上或其近旁,以表明电气设备、装置和元器件的名称、功能、状态和特征。此外,文字符号还可与基本图形符号和一般图形符号组合使用,以派生新的图形符号。

文字符号分为基本文字符号和辅助文字符号两大类,基本文字符号又分为单字母符号和双字母符号。

(一) 基本文字符号

1. 单字母符号

单字母符号是按拉丁字母将各种电气设备、装置和元器件划分为 23 大类,每大类用一个专用单字母符号表示,如"C"表示电容器类,"R"表示电阻类等。

2. 双字母符号

双字母符号是由 1 个表示种类的单字母符号与另一字母组成,其组合形式应以单字母符号在前而另 1 字母在后的次序列出,如:"R"表示电阻,"RP"就表示电位器,"RT"表示热敏电阻;"G"表示电源、发电机、发生器,"GB"就表示蓄电池,"GS"表示同步发电机、发生器,"GA"表示异步发电机。

常用的基本文字符号如表 10-3 所示。

(二) 辅助文字符号

辅助文字符号表示电气设备、装置和元器件以及线路的功能、状态和特征。如"SYN"表示同步,"L"表示限制、左或低,"RD"表示红色,"ON"表示闭合,"OFF"表示断开等。

表 10-3 常用基本文字符号

设备、装置元器件种类	举例	基本文字符号 单字母	基本文字符号 双字母
组件 部件	分离元器件 放大器 调节器	A	—
	电桥	A	AB
	晶体管放大器	A	AD
	集成电路放大器	A	AJ
	印制电路板	A	AP
	抽屉柜	A	AT
	支架盘	A	AR
非电量到电量变换器或电量到非电量变换器	送话器 扬声器 晶体换能器	B	—
	压力变换器	B	BP
	温度变换器	B	BT
电容器	电容器	C	—
二进制元件、延迟器件、存储器件	数字集成电路和器件	D	—
其他元器件	其他元器件	E	—
	发热器件	E	EH
	照明灯	E	EL
保护器件	过电压放电器件 避雷器	F	—
	熔断器	F	FU
	限压保护器件	F	FV
发生器 发电机 电源	振荡器	G	—
	发生器	G	GS
	同步发电机	G	GA
	异步发电机	G	GA
	蓄电池	G	GB
信号器件	声响指示	H	HA
	光指示器	H	HL
	指示灯	H	HL
继电器 接触器	交流继电器	K	KA
	双稳态继电器	K	KL
	接触器	K	KM
	簧片继电器	K	KR

续表

设备、装置元器件种类	举例	基本文字符号	
		单字母	双字母
电感器 电抗器	感应线圈 电抗器	L	—
电动机	电动机	M	—
	同步电动机		MS
	力矩电动机		MT
模拟元件	运算放大器 混合模拟/数字器件	N	—
测量设备 实验设备	指示器件信号发生器	P	—
	电流表		PA
	（脉冲）计数器		PC
	电度表		PJ
	电压表		PV
电力电路的开关器件	断路器	Q	QF
	电动机保护开关		QM
	隔离开关		QS
电阻器	电阻器 变阻器	R	—
	电位器		RP
	热敏电阻器		RT
	压敏电阻器		RV
控制、记忆、信号电路 的开关器件 选择器	控制开关 选择开关	S	SA
	按钮开关		SB
	压力传感器		SP
	位置传感器		SQ
	温度传感器		ST
变压器	电流互感器	T	TA
	控制电路电源用变压器		TC
	电力变压器		TM
	电压互感器		TV

续表

设备、装置元器件种类	举例	基本文字符号	
		单字母	双字母
电子管 晶体管	二极管 晶体管 晶闸管	V	—
	电子管		VE
传输通道波导天线	导线 母线 波导 天线	W	—
端子 插头 插座	连接插头和插座 接线柱焊接端子板	X	—
	连接片		XB
	测试插孔		XJ
	插头		XP
	插座		XS
	端子板		XT
电气操作的机械器件	气阀	Y	—
	电磁铁		YA
	电动阀		YM
	电磁阀		YV
终端设备 混合变压器 滤波器 均衡器 限幅器	晶体滤波器	Z	—

常用辅助文字符号如表 10-4 所示。

(三) 文字符号的使用规则

(1) 单字母符号应优先选用。

(2) 只有当用单字母符号不能满足要求,需要将大类进一步划分时,才采用双字母符号,以便较详细和更具体地表述电气设备、装置和元器件等。如"F"表示保护器类,"FU"表示熔断器,"FV"表示限压保护器件。

表 10-4 常用辅助文字符号

序号	文字符号	名称	序号	文字符号	名称
1	A	电流	38	M	中
2	A	模拟	39	M	中间线
3	AC	交流	40	M MAN	手动
4	A AUT	自动	41	N	中性线
5	ACC	加速	42	OFF	断开
6	ADD	附加	43	ON	闭合
7	ADJ	可调	44	OUT	输出
8	AUX	辅助	45	P	压力
9	ASY	异步	46	P	保护
10	B BRK	制动	47	PE	保护搭铁
11	BK	黑	48	PEN	保护搭铁与中性线共用
12	BL	蓝	49	PU	不搭铁保护
13	BW	向后	50	R	记录
14	C	控制	51	R	右
15	CW	顺时针	52	R	反
16	CCW	逆时针	53	RD	红
17	D	延时（延迟）	54	R RST	复位
18	D	差动	55	RES	备用
19	D	数字	56	RUN	运转
20	D	降低			
21	DC	直流	57	S	信号
22	DEC	减	58	ST	起动
23	E	接地	59	S SET	置位，定位
24	EM	紧急	60	SAT	饱和
25	F	快速	61	STE	步进
26	FB	反馈	62	STP	停止
27	FW	正，向前			
28	GN	绿	63	SYN	同步
29	H	高	64	T	温度
30	IN	输入	65	T	时间
31	INC	增	66	TE	无噪声（防干扰）搭铁
32	IND	感应	67	V	真空
33	L	左			
34	L	限制	68	V	速度
35	L	低	69	V	电压
36	LA	闭锁	70	WH	白
37	M	主	71	YE	黄

(3) 辅助文字符号也可放在表示种类的单字母符号后边组成双字母符号，如"ST"表示起动，"DC"表示直流，"AC"表示交流。为简化文字符号，若辅助文字符号由两个字母组成时，允许只采用其第一位字母进行组合，如"MS"表示同步电动机，"MS"中的"S"为辅助文字符号"SYN"（同步）的第一位字母。辅助文字符号还可以单独使用，如"ON"表示接通，"N"表示中性线，"E"表示搭铁，"PE"表示保护搭铁等。

（四）图形符号、文字符号的识读

对于基本的元器件，其图形符号、文字符号都是相同的，如电阻、电容、照明灯、蓄电池等。

由于目前国际上还没有汽车电气设备图形符号、文字符号的统一标准，各个汽车生产厂家对某些汽车电器所采用的图形符号、文字符号有所不同，与标准规定有一些差异，这给识读电路图造成一定困难，但图形符号基本结构的组成是相似的，只要了解它们的区别，就能避免识读错误。下面通过具体示例来说明不同车型在表示同一元器件的图形符号时，在汽车电路图中的差异。

汽车都装有硅整流发电机和电压调节器，不同的是有的采用内装式，有的采用外装式，即使同一结构形式，不同的车型所采用的电路图形符号也有所不同。

如图10-1所示为富康轿车内装调节器硅整流发电机的图形符号；图10-2所示为夏利轿车内装调节器硅整流发电机的图形符号（国家标准规定的符号）。

现代汽车上都装有用于起动发动机的起动机，且中、小型汽车起动机的结构基本相同，但在不同车型的电路图中，所采用的符号差别很大。图10-3所示为天津夏利轿车起动机的图形符号；图10-4所示为富康轿车起动机的图形符号。

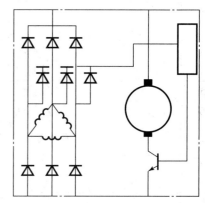

图10-1 富康轿车硅整流发电机图形符号

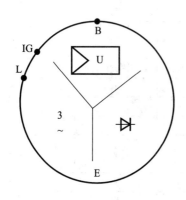

图10-2 夏利轿车硅整流发电机图形符号

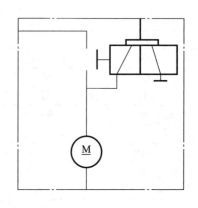

图10-3 夏利轿车起动机图形符号

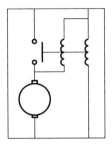

图 10-4 富康轿车起动机图形符号

任务二 汽车电路识图一般方法

由于各国汽车电路图的绘制方法、符号标识以及文字、技术标准等的不同，各国汽车电路图有很大差异，甚至同一国家不同公司的汽车电路图也存在着较大差异，这就给我们识图带来许多麻烦。要想完全读懂一种车型的整车电路图，特别是较复杂的轿车电路图并非是一件轻松的事。首先掌握汽车电路识图的一般方法是十分必要的。

当拿到一张汽车电路图，大多是接线图或电路原理图，无论它是哪一种电路图，一般都是线条密集、纵横交错、头绪多而杂，不容易看懂。我们在认识了汽车电路图中的图形符号及有关标志，知道了汽车电路图的种类，清楚了汽车电路图中的电线及接线柱标记的基础上，可以按照以下方法对整车电路图进行阅读。

1. 善于化整为零

按整车电路系统的各功能及工作原理把整车电气系统划分成若干个独立的电路系统，分别进行分析。通常将整车电路分解成电源、起动、点火、照明、信号、仪表、报警等系统来进行分析。这样化整体为部分，可以有重点地进行分析，并且各个单元电路又有其自身的一些特点，以其自身的特点为指导去分析电路就会减少一些盲目性。因此，为了阅读方便，现在多数汽车的电路原理图是按各个电路系统进行绘制的。

2. 认真阅读图注

在阅读局部电路图时，首先必须认真地阅读图注，清楚该部分电路所包含的电气设备种类、数量等，有利于在读图中抓住重点。

3. 熟悉电气元件及配线

在分析某个电路系统时，要清楚该电路中所包括的各部件的功能和作用、技术参数等。

现代汽车的线路如同人的神经一样分布在各个区域，其复杂程度与日俱增，而线路中的配线插接器、接线盒、继电器、接地点等如同神经的"节点"。所以熟悉这些电气元件在电路图中的表示符号、位置、连接方式、内部电路，对阅读汽车电路图会有很大帮助。因此，在阅读接线图时，要正确判断接点标记、线型和色码标志。须指出的是标记颜色的字母因母语不同而有区别，美国、日本及我国采用英文字母，德国采用德语字母。

4. 注意开关的作用

开关是控制电路通断的关键。我们通常按操纵开关的功能及不同工作状态来分析电路的工作原理。如点火系供电，点火开关应处于点火挡或起动挡。在标准画法的电路图中，开关总是处于零位，即开关处于断开状态；电子开关的状态则视具体情形而定。所说的电子开关主要包括晶体管及可控硅等具有开关特性的电子元件。

在一些复杂电路控制中，一个主开关往往汇集许多导线，分析汽车电路时应注意以下几个问题：

（1）蓄电池（或发电机）的电流是通过什么路径到达这个开关的，中间是否经过其他的开关和熔断器，这个开关是手动还是电控的。

（2）这个开关控制哪些用电器，每个被控电器的作用是什么。

（3）开关的许多接线柱中，哪些是直通电源的，哪些是接用电器的，接线柱旁是否有接线符号，这些符号是否常见。

（4）开关共有几个挡位，在每一挡中，哪些接线柱有电，哪些无电。

（5）在被控的用电器中，哪些电器应经常接通，哪些应短暂接通，哪些应先接通，哪些应后接通，哪些应当单独工作，哪些应当同时工作，哪些电器不允许同时接通。

5. 了解继电器的工作状态

现代汽车电路中经常采用各种继电器对一些复杂电路进行控制。了解继电器的工作状态，特别是一些电子继电器的工作状态，对分析电路会大有帮助。

当电磁继电器线圈两端加上一定的电压或电流，线圈产生的磁通通过铁芯、轭铁、衔铁、磁路工作气隙组成的磁路，在磁场的作用下，衔铁吸向铁芯极面，从而推动触点常闭触点断开，常开触点闭合；当线圈两端电压或电流小于一定值时，机械反力大于电磁吸力时，衔铁回到初始状态，常开触点断开，常闭触点接通。

可以把汽车继电器看成是由线圈工作的控制电路和触点工作的主电路两个部分组成的集合体。在继电器的控制电路中，只有较小的工作电流，这是由于操纵开关的触点容量较小，不能用来直接控制用电量较大的负荷，只能通过继电器的触点来控制它的通断。

继电器既是一种控制开关，又是控制对象（执行器），其连接如图 10-5 所示。以燃油泵继电器为例，它是燃油泵的控制开关，但是燃油泵继电器的线圈只有在电控单元中驱动三极管导通时，才能通过电控单元的接地点形成回路。

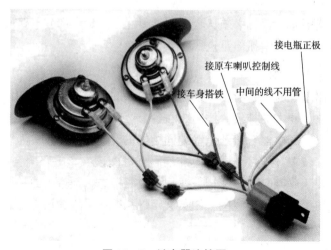

图 10-5 继电器连接图

阅读电路图时，可以把含有线圈和触点的继电器，看成是由线圈工作的控制电路和触点工作的主电路两部分。主电路中的触点只有在线圈电路中有工作电流流过后才能动作。在电路图中画出的是继电器线圈处于失电状态。

6. 牢记回路原则

在阅读电路图时，应掌握回路原则，即电路中工作电流是由电源正极流出，经用电设备后流回电源负极；电路中只有当电流流过用电设备时，用电设备才能工作。

虽然掌握了回路原则，但在阅读电路图时还容易犯一些错误。常见的错误有：从电源正极出发，到某电气设备（或再经其他电气设备）又回到了电源正极；把发电机、蓄电池这两个电源当成一个电源，常从这个电源的正极出发，经过用电器回到另一个电源的负极，这实际上并未构成真正的通路，也就不能产生电流；虽然注意到回路原则，但在电流方向上却是随意的，有时从电源的负极出发，经用电器回到电源的正极，这样虽然构成了回路，但容易在某些线圈与磁路中引出错误的结论，而且这种从负到正的电流方向在电子电路中是行不通的。

另外，进口汽车一般只配有接线图，其原理图往往是进口以后有关人员为研究、使用与检修而收集和绘制的。由于这些图的来源不同，收集时间不同以及符号、惯例的变更等，在画法上可能出现差异，所以在读电路原理图时应注意这一点。

项目小结

（1）文字符号是由电气设备、装置和元器件的种类（名称）字母代码和功能（与状态、特征）字母代码组成的，用于电气技术领域中技术文件的编制，也可标注在电气设备、装置和元器件上或其近旁，以表明电气设备、装置和元器件的名称、功能、状态和特征。此外，文字符号还可与基本图形符号和一般图形符号组合使用，以派生新的图形符号。文字符号分为基本文字符号和辅助文字符号两大类，基本文字符号又分为单字母符号和双字母符号。

（2）我们在认识了汽车电路图中的图形符号及有关标志，知道了汽车电路图的种类，清楚了汽车电路图中的电线及接线柱标记的基础上，常用的读图方法有：

①化整为零法；

②识读图注法；

③分析原件线束法。

习题与思考

1. 导线是电气线路的基础元件，均采用多股铜绞线，分为_____和_____。
2. 导线的截面积根据所用电气设备的_____确定。
3. 随着汽车上使用的电器增多，导线数量增多，为了便于安装和检测，采用_____，主色为基础色，辅色为环布导线的条色带或螺旋色带，并且进行标注时_____在前，辅色在后。
4. 灯光开关通常是两挡式开关，按其操纵的形式分主要有_____、_____。
5. 当通过熔丝的_____时，熔丝发热熔断，从而防止线路中的用电设备被烧坏。

6. 在汽车电路图中，常用图形符号可分为限定符号、导线及导线与端子连接符号、触点与开关符号、_____、_____、_____、_____电气设备符号、仪表板常用控制符号等八大类型。

7. 蓄电池的正极与起动机接点_____用粗线连接，是用来向起动机供大电流的。

参 考 文 献

[1] 李春明. 汽车电气设备与维修 [M]. 第二版. 北京：高等教育出版社，2018.
[2] 李春明. 汽车电路识图 [M]. 北京：高等教育出版社，2012.
[3] 弋国鹏. 汽车舒适控制系统及检修 [M]. 北京：机械工业出版社，2018.
[4] 弋国鹏. 汽车灯光系统及检修 [M]. 北京：机械工业出版社，2018.